生活·讀書·新知 三联书店

吉林人民出版社

为什么是邓小平

陈晋 著

Copyright © 2024 by SDX Joint Publishing Company.
All Rights Reserved.
本作品版权由生活·读书·新知三联书店所有。
未经许可，不得翻印。

图书在版编目（CIP）数据

为什么是邓小平 / 陈晋著. —北京：生活·读书·
新知三联书店；长春：吉林人民出版社，2024.4 （2025.1 重印）
ISBN 978-7-108-07839-1

Ⅰ.①为… Ⅱ.①陈… Ⅲ.①邓小平（1904-1997）–
生平事迹 Ⅳ.① A762

中国国家版本馆 CIP 数据核字 (2024) 第 092634 号

特约编辑	郭雪飞	
责任编辑	唐明星　常高峰	
装帧设计	康　健	
责任印制	卢　岳	
出版发行	生活·讀書·新知 三联书店	
	（北京市东城区美术馆东街 22 号 100010）	
	吉林人民出版社	
	（长春市人民大街 7548 号 130022）	
网　　址	www.sdxjpc.com	
经　　销	新华书店	
印　　刷	河北品睿印刷有限公司	
版　　次	2024 年 4 月北京第 1 版	
	2025 年 1 月北京第 5 次印刷	
开　　本	635 毫米 × 965 毫米　1/16　印张 18	
字　　数	162 千字　图 52 幅	
印　　数	43,001 – 53,000 册	
定　　价	59.00 元	

（印装查询：01064002715；邮购查询：01084010542）

序　诗

唱起那川江号子，去拥抱大海。

踏着那战火硝烟，又向我们走来。

几度沉浮，走出个传奇的故事；

几番求索，依然是年轻轻的胸怀。

你是否在追寻，

你是否在期待？

扛起历史的风险，不要再徘徊。

找到希望的钥匙，让中国更精彩。

五千岁月，道路不再漫长遥远；

百年坎坷，走出个浪滔滔的气概。

你走了一个世纪，

你走出一个时代。

目 录

序诗　1

一　曾经沧海　1

如果给政治上东山再起的人设立奥林匹克奖的话，我有希望获得该奖的金牌。

二　相知人生　25

周总理，我一直把他看成兄长。

我和他（刘伯承）长期共事，相知甚深。

他对我评价时就讲过"人才难得"。扪心自问，这个评价过高。但这句话也说明人才是重要的，毛泽东同志是尊重人才的。

三　务实本色　51

我读的书并不多，就是一条，相信毛主席讲的实事求是。过去我们打仗靠这个，现在搞建设、搞改革也靠这个。

我是实事求是派。

四　风云胆识　　75

　　我总是告诉我的同志们不要怕冒风险，胆子还要再大些。如果前怕狼后怕虎，就走不了路。

　　没有一股气呀、劲呀，就走不出一条好路，走不出一条新路。

五　战略牌局　　98

　　我们不搞政治游戏，不搞语言游戏。我个人爱好打桥牌，但中国在政治上不爱好打牌。

　　中国不打美国牌，也不打苏联牌，中国也不允许别人打中国牌。

六　大道行歌　　121

　　我知道什么是现代化了。

　　总的来说，这条道路叫作建设有中国特色的社会主义。我们相信，这条道路是可行的，是走对了。

　　中国不走这条路，就没有别的路可走。

七　放眼谋事　　139

　　要趁着我们在的时候解决这个问题。我们不在了，将来很难解决。

　　管大事的人，考虑任何问题都要着眼于长远，着眼于大局。

　　要从大局看问题，放眼世界，放眼未来，也放眼当前。

八　永远年轻　　**163**

　　为社会主义而奋斗的青年万岁。

　　面向现代化，面向世界，面向未来。

　　我是看新鲜，越新越好，越高越好，越高越新，我就越高兴。

九　乐园风景　　**184**

　　我能游泳，特别喜欢在大海中游泳，证明我身体还行；我打桥牌，证明我的脑筋还清楚。

　　退休以后，我最终的愿望是过一个真正的平民生活。

　　国家发展了，我当一个富裕国家的公民，就行了。

十　人民之子　　**205**

　　我是中国人民的儿子，我深情地爱着我的祖国和人民。

十一　同频共振　　**224**

　　我们这一代人都是在他的领导下成长起来的。

　　有的把我的规格放在毛主席之上，这就不好了。

十二　知音心曲　　**239**

　　他多次从危机中把党和国家挽救过来。没有毛主席，至少我们中国人民还要在黑暗中摸索更长的时间。

　　毛主席的伟大，怎么说也不过分，不是拿语言可以形容得出来的。

综论　邓小平和他的时代　260
　　　　世纪主题和世纪接力
　　　　中国式的现代化与人民富裕
　　　　性格与时代

后记　280

一　曾经沧海

> 如果给政治上东山再起的人设立奥林匹克奖的话，我有希望获得该奖的金牌。
>
> ——邓小平

1904年，邓小平出生的时候，在成都接受过一些新式教育的父亲邓绍昌，为他起了一个很不平凡的名字，叫"邓先圣"。

1909年入读私塾那天，蒙师觉得这个名字实在招摇，起码是对自己心目中真正的圣人孔老夫子有不敬之嫌。于是，当即给他改名为"邓希贤"。意思是人生能做成贤人就不错了。

1927年大革命失败后，为在腥风血雨的白色恐怖下平安地开展党的地下工作，终于由他自己做主，将"邓希贤"改成了"邓小平"。

邓小平的一生，真的能以小避大，平平安安、平平常常、平平顺顺吗？

1997年1月，在生命的最后一段时光，邓小平看到了中央电视台播出的12集电视文献纪录片《邓小平》。

这时，他的身体已极度衰弱，听到护士给他讲解片子的内容，93岁老人的脸上却露出了受到表扬而不好意思的神情。

1920年，16岁的邓小平走出闭塞的四川盆地，沿着一条不起眼的渠江，走向长江，然后去拥抱大海，为自己的人生和中国的未来，寻找希望的钥匙，已经七十多年了。在邓小平波澜壮阔的一生中，既充满胜利的喜悦，也品尝过艰难、困顿和痛苦的滋味。

回首一生的风雨行程，我们不知道邓小平会有什么样的感慨。

不过，在不同场合，邓小平也确实表达过自己的感想，回顾过自己的苍茫心路。

1926年在莫斯科中山大学学习时，他把自己的人生目标写在了一份自传性的履历中。他说："我已打定主意，更坚决地把我的身子交给我们的党，交给本阶级。"

在领导开辟改革开放和社会主义现代化新的历史时期，他还说过——

> 我最紧张的时候，是1947年率领大军南渡黄河。
> 我最高兴的时候，是解放战争。

  我最忙的时候，是1956年到1966年当总书记的10年。
  我最痛苦的时候，是"文化大革命"。

  迟暮之年，他说自己的心愿是争取活到1997年，到香港自己的土地上去走一走。
  退休的时候，他说最大愿望是像普通人那样到街上去看一看、走一走。
  1993年9月，在进入90岁的这个秋天的日子里，邓小平和弟弟邓垦有过一次长谈。兄弟俩很少见面。这一次，他们谈得很多，谈到家乡，也谈到中国的过去与未来。邓小平甚至还对自己的一些重大决策做了回顾和评论，说到感慨处，他透露自己一生最浓烈也最真实的一个愿望——

  国家发展了，我当一个富裕国家的公民，就行了。

  回顾九十多年的心路历程，概括和表达方式或有不同，但这条心路却总是环环相扣、自然相接。其中的哪一段，似乎都无法回避和省略。
  邓小平的一生，是20世纪中国革命和中国共产党艰难前行的一个缩影。挫折与奋起并存的历史，见证了邓小平起伏跌宕的人生。

1921年3月,邓小平在法国

16岁的邓小平,踏上异国他乡的土地。法兰西的艰苦岁月,将稚气少年磨炼成了百折不回的职业革命家。

晚年的时候,他曾经这样回忆自己在法国的感受:"那时才16岁。当时勤工俭学,勤工就是劳动,想挣一点钱上学。但这个目标没有实现。我在法国呆了五年多,其中在工厂劳动了四年,干重体力劳动。我的个子小,就是因为年轻时干了重劳动。""每当我能买得起一块羊角面包和一杯牛奶时我总是感到高兴。""这样的生活,使我接受了马克思主义。"

风云激荡的中国为这个矮个子年轻人提供了广阔的舞台。

1927年,邓小平回国不久,就在党的中央机关担任了秘书长。两年以后,25岁的邓小平,只身赶赴广西左、右江地区开辟红色根据地，创建了红七军和红八军，成为中国人民解放军的创建者之一。在中国共产党内，这是并不多见的光荣履历。

辉煌的历程总是伴随着艰辛和磨难。

从战火和险难中走来的邓小平，屡次与死神擦肩而过。

晚年的邓小平曾经对自己的历险做过轻描淡写的描述。他说："我们在上海做秘密工作，非常艰苦，那是吊起脑袋在干革命。我没有照过相，连电影院也没有去过。我在军队那么多年没有负过伤，地下工作没有被捕过，这种情况是很少有的。但危险经过好几次。"

这里说的危险，是在上海做地下工作时，邓小平到一个秘密联络地点和罗亦农接头。他办完事刚从后门出来，巡捕便进前门抓人了，前后只差不到一分钟，结果罗亦农被捕。

还有一次，是长征到达陕北后的直罗镇战役中，子弹穿透了他身上披的在法国一道参加革命的兄长傅钟送给他的狐皮大衣，而他却安然无恙。

的确，这些惊险的遭遇，在邓小平的心中实在算不得什么，他一生很少对人提起。

被世人广泛关注的，是邓小平在政治上"三落三起"的特殊生涯。

1980年6月，当来访的外宾赞誉他是历史上的伟大人物时，邓小平是这样回应的："我本人只是一个很普通的人。我比较出名的是因为遭了几次灾，经历了三下三上的历史，就是三次被打倒，其他说不上什么，没有什么突出的。"

面对一个又一个关于他"三落三起"的提问，他曾经这样解释："人们都知道我曾经'三下三上'，坦率地说，'下'并不是由于做了错事，而是由于办了好事却被误认为错事。"

邓小平第一次遭到错误批判，发生在江西中央革命根据地。1933年，由于他坚持从实际出发，执行以毛泽东为代表的正确路线，被临时中央作为"江西罗明路线"代表人物之一而打倒。和邓小平一起被打倒的还有毛泽东的弟弟毛泽覃以及谢唯俊、古柏。后面两位，从井冈山到瑞金，都在毛泽东身边工作过，与毛泽东关系密切，相反，邓小平当时和毛泽东接触并不多，不过，他同毛泽覃的关系不错。他们被称作"邓、毛、谢、古反党小集团"。邓成为"毛派头子"，原因是他的党内地位最高。

邓小平的江西省委宣传部长职务被撤销了，还背上了"党内最后严重警告"的处分，被分派去做一个无足轻重的巡视员，随后被派去重操当年在法国干过的旧业：编报纸，做《红星报》的主编。

对这段经历，邓小平曾说："在江西根据地，王明路线夺了毛主席对红军、对苏区的领导权，还反对什么邓毛谢古路线。我算一个头头，叫'毛派头头'。这件事一般人不大知道。"

1937年,红军胜利到达陕北后,邓小平和部分政工干部在旬邑县合影

1938年,邓小平任八路军一二九师政治委员。图为一二九师主要领导人在山西辽县(今左权县)桐峪镇合影。左起:参谋长李达、政委邓小平、师长刘伯承、政治部主任蔡树藩

的确，在人们的记忆中，第一次遭受挫折时的邓小平，依然是那样的乐观。

长征开始了，他不知道要走多远，也不知道要去哪里。许多年以后，当女儿问他长征中都做了些什么，他老老实实地回答：跟着走。

"跟着走"的邓小平没有因为政治上受打击而消沉。

他和人们仍常在一起聊天，大家开玩笑说是成立了一个牛皮公司，陈云是总经理，邓小平是副总经理。他最擅长的是"精神会餐"，越没有吃的，他就越有话说，总是讲四川的回锅肉、麻婆豆腐、辣子鸡丁，说得大家都围拢来听，听得直咽口水。当然疲劳也消除不少。

从1926年回国后的整整10年时间里，邓小平都没有留下一张照片。一直到中央红军长征到达陕北，于1937年他担任红一军团政治部主任的时候，才在陕北的旬邑县同其他红军政工干部们照了一张合影。

从照片中可以看出，乐观坚韧的邓小平在艰苦岁月中成长很快，而且很成熟。

1938年10月，毛泽东在延安召开的中共六届六中全会上，提出要为中央苏区时期挨整的人平反，其中就包括邓小平。遗憾的是，作为"同案"的其他三位，都牺牲了。了解内情的谢觉哉写诗说"邓毛谢古剩小平"。毛泽东后来说过，邓小平是经历过党内斗争的,意思是他有过挨整的经历,积累有丰富的党内政治经验。

邓小平政治上成熟、政治上强,确实与他挨整的经历有关。俗话说,曾经沧海难为水,除却巫山不是云。

实际上,邓小平在遵义会议前后,就结束了第一"落",逐步受到重用。在此后30来年的时间里,他的人生和他从事的事业一样,仿佛都是一马平川。

1938年,34岁的邓小平脱颖而出,成为八路军一二九师政治委员。八路军三个师的军政主官,都是长征中赫赫有名的军团级以上的领导,算起来,邓小平还属于后起之秀。

他开始了与刘伯承长达13年的精诚合作,共同谱写了一曲刘邓大军南北转战、纵横四方的壮歌。

1943年10月,邓小平代理中共中央北方局书记,并主持八路军总部的工作,担负起领导华北敌后抗日根据地党政军的全面工作,成为独当一面的战略区负责人。当时,他还不满40岁。

1948年11月,人民解放军和国民党军排兵布阵,在江淮之间进行了一场关系全国战局的大决战。当时国民党军队有80万之众,人民解放军只有60万,众寡悬殊。中原、华东两大野战军并肩作战,谁来担负前线最高责任呢?

毛泽东看中了邓小平,决定成立以邓小平为书记的总前委指挥两大野战军。淮海战役历时66天,歼敌55万。用毛泽东

1948年11月,中共中央革命军事委员会决定,组成由邓小平任书记的五人总前委,统一领导和指挥中原、华东两大野战军。左起:粟裕、邓小平、刘伯承、陈毅、谭震林

的话来说,硬是把一锅没煮好的"夹生饭"一口一口地吃了下去。而纽约《先驱论坛报》的评论是:"在生活步调一向是缓慢的中国,局势正急转直下地接近了高潮。这一次将是一个伟大的高潮,因为南京政府遭到的悲剧显示出一个时代的结束。"

随后,毛泽东又将渡江战役的指挥权交给了邓小平。他主持起草了京沪杭战役计划,指挥部队一举夺取了国民政府的首都南京和中国的经济中心上海。

此后,邓小平来到北京,出席了新政协会议,并当选为中央人民政府委员。

作为开国元勋,邓小平在1949年10月1日那天登上了天安门。

这是他第一次登上天安门。从后来播放的纪录片里,人们清晰地看到,当时他和刘伯承、陈毅、贺龙等人站在一起。他们容光焕发,时而指指点点,谈笑风生。

这一年,他45岁。

很快,征尘未洗的邓小平又和刘伯承率部进军入西南。在那里,他担任了中共中央西南局第一书记、西南军政委员会副主席、西南军区政治委员,为开创西南地区稳定与发展的新局面、和平解放西藏、实现祖国大陆的完全解放付出了巨大心血。

他主政西南时建设的成渝铁路,成为新中国修建的第一条铁路,至今惠及巴蜀人民。

1952年7月,邓小平奉命进京。此番北上,他的心情是愉快的。途中,孩子们问他:"爸爸,以前人家都叫你首长,到北京后,他们叫你什么呀?"邓小平幽默地说:"脚掌!"

到了北京,邓小平出任政务院副总理。从"封疆大吏"到"中枢要员",不仅意味着身份的转换,也意味着肩上的担子更重了。他迅速成为目光远大、着眼全局、擅抓大事的政治家,成为被毛泽东倚重的得力臂膀。

在中国共产党第八次全国代表大会上,邓小平代表中共中央作了《关于修改党的章程的报告》。在随后举行的八届一中

1956年中共八届一中全会上,邓小平当选为中央政治局常委,并担任中央书记处总书记

全会上,他当选为中央政治局常委,并担任中央书记处总书记,成为中国共产党第一代中央领导集体的重要成员。

20世纪50年代后期到60年代中期,邓小平格外繁忙,到处都能见到他精力充沛的身影。

他主持中央书记处的日常工作,同时负责国务院的不少事情,他指导"大三线"的建设,还要负责意识形态领域的一些工作。在中苏关系出现危机的时候,又受命冲到第一线,负责谈判,曾七次到莫斯科处理中苏两党的分歧事宜。

有时候,他还代理国务院总理的工作。

好在他是"少壮派",身体又好。一天一天,一年一年,他就这样奔波忙碌着。

人们很难从邓小平的神情中觉察出什么。这已经是1966年的4月了,他曾留下一张照片,站在延安的黄土高坡上,俯瞰高原的荒凉，似乎显得忧心忡忡。

1966年春天，"文化大革命"爆发了。

对于一个政治家来说，浮沉荣辱原本是题中应有之义。但是狂飙骤落的"文化大革命"运动，却使很多人始料未及。

北京市副市长、明史专家吴晗因为剧本《海瑞罢官》遭到批判，心理压力极大。邓小平不明姚文元文章背后的意味，对批判吴晗很不赞同。当彭真对他说吴晗心理有负担时，邓小平说："马连良演的那个海瑞的戏我看过，没什么错误嘛。你告诉教授，没什么了不起，我们照样打牌嘛。政治和学术一定要分开，混淆在一起是最危险的，会堵塞言路。"不久碰到吴晗时，邓小平又说："教授，别这么长吁短叹，凡事都要乐观。怕什么，天还能掉下来吗？我今年61岁了，从我参加革命到现在，经历了那么多的风浪都熬过来了。我的经验无非两条，第一不怕，第二乐观，向远看，向前看，一切都好办了。"

这一次，事情却没有那么好办。

吴晗没有躲过这场厄运，彭真也没有幸免，邓小平也如履薄冰。他以曲折的方式表示他的态度。他后来回忆说："彭真的问题本来不大。我没有附和，送了半筐橘子给彭真，表明态度。"他还说过："在那个条件下，真实情况是难以反对。"

不久，邓小平也被扣上"党内第二号走资本主义道路当权派"的帽子，被打倒了。

这是他一生中第二次被打倒。距离他1933年在中央苏区第一次遭受挫折，已经三十多年了。

他默默地承受着抄家和批斗，沉默、无言，表情严肃，但没有显露出过分的激动，更没有丝毫的绝望。

全家人都在他的沉默中得到力量，相互帮扶，苦熬着岁月。

在孩子们被要求离开中南海后，邓小平夫妇二人相对无言，常以抽烟解闷，寄托对孩子们的牵挂。

1969年10月，邓小平夫妇也离开了中南海的住所。他们被疏散到江西，住进新建县一所步兵学校。护送他们到江西的人离开时问邓小平还有什么要求，他的回答是：我同意中央对我的安排，我到江西来了，但我还会出来工作，我还会为党工作多年。

邓小平被安排在拖拉机修配厂参加劳动。在这家拖拉机修配厂里，他重操旧业，干起了钳工。这是他早年在法国勤工俭学时学会的技术，没想到此时派上了用场。

朴实、厚道的人们在邓小平住处和工厂之间开出了一条近道，65岁的他，不分刮风下雨，每天都在这条小路上往还。

在这条坎坷的小道上，邓小平走了3年。正像人们后来意识到的那样，他在这条路上也思考了3年。有人说，中国后来发生的许多事情，就是从这条小道延伸出来的。

如今，这条小道，被径直命名为"邓小平小道"，成为不少游客的打卡地。

1971年秋天，苦挨岁月的邓小平在听文件传达时得知发生了"林彪事件"，对家里人说："林彪不亡，天理不容！"

他敏感地意识到自己的命运将出现转机。

他给毛泽东写了一封信，信上除了表示自己对党中央处理林彪事件的支持外，还汇报了自己两年多来劳动和家庭情况，并表示说：我个人没有什么要求，只希望有一天还能为党做点工作，我的身体还好，还可以做几年工作再退休。

1972年秋天，在毛泽东的过问下，邓小平的复出之路柳暗花明，经中央批准，他去了井冈山和赣州地区参观。

6年来，邓小平不断思考着历史和现实，对"文化大革命"有了深刻的认识。在泰和县，他对一位受到迫害的老红军说："'文化大革命'是'左'了，被坏人钻了空子"，"现在林彪垮台了，我们党的日子会好点了，就是还有几个书生在胡闹"。他诚恳地说："'文化大革命'我也有份，当初也举过手。"

在瑞金红都糖厂，邓小平问有没有去车间的近路？厂里的人说："有条小路，坑坑洼洼的，不好走。"邓小平认真地说："不要紧。为什么有近路不走走远路？中国革命的道路本来就是曲折的，不是笔直平坦的。"他们沿着小路来到了车间，上楼梯时，陪同人员上前搀扶，邓小平摆摆手说："不用，我今年68岁，还可以干20年呢！"跟在他身后的卓琳听了，笑着说："又

1973年初,即将复出时邓小平同妻子卓琳及原秘书王瑞林(左一)在江西留影

吹牛。"他信心十足地说:"不是吹牛,干20年没什么问题!"

也许是个巧合,从1972年到他1992年发表南方谈话,果然是一个整整的20年。

1973年冬去春来,邓小平回到了首都北京。

3月29日,在一次政治局会议前,毛泽东在住处约见了他,这是1966年9月以后他们七年多来的第一次会面。邓小平发现,毛泽东老了。毛泽东问他这些年是怎么过来的,他只回答了两个字——"等待"。

这次会议后,邓小平正式参加国务院业务组工作,并以国务院副总理的身份参加对外活动,有关重要政策问题,邓小平列席政治局会议参加讨论。

1973年4月11日,邓小平的身影悄然出现在迎接西哈努克亲王来京的行列中。次日晚上,外国记者惊奇地发现,那个被打倒了的"党内第二号最大的走资派"再次公开露面。他们

1973年4月,已恢复国务院副总理职务的邓小平出现在欢迎西哈努克亲王的宴会上,引起国内外的关注

竞相向全世界发布这一重大新闻:邓小平复出了!有一家外国媒体,形象地将邓小平称为"打不倒的东方小个子"。

从一组邓小平复出后公开露面的资料片中,人们不难看到他重归中国政坛的清晰脚步。

复出后的邓小平见到阿沛·阿旺晋美,阿沛问他这几年过得怎么样?邓小平回答说:"我这几年在下面过得很好,你看我的身体不是还很健康吗?我过去学过钳工,后来干革命,手艺生疏了。这几年又干钳工,还学到不少新技术,这也是一件好事。"

1973年10月,加拿大总理特鲁多访华时,邓小平心情愉快地陪他游览了桂林山水。六年后,特鲁多再次来华访问,他探究似地问邓小平重返政坛的秘诀是什么?得到的回答是两个字——"忍耐"。

相忍为党为国。邓小平的忍耐,不是为了个人的荣辱,而是为了等待为国解忧的机会。他深感"文化大革命"给党和国家造成的巨大破坏,复出伊始便与"四人帮"势如冰炭,展开了坚决的斗争。

1974年4月，邓小平代表中国政府参加第六次联大特别会议，一些舆论评论说：这个站在联合国讲台上的小个子中国人，不仅代表着新中国的形象，还是周恩来总理的一个"最好的代理人"。

1975年初，四届人大结束后，邓小平集党政军大权于一身，在纷繁复杂的问题面前，邓小平从铁路交通入手，继而在钢铁、文化、教育、国防工业、军队等各个领域大刀阔斧地开展了全面整顿。

1975年7、8、9三个月，全面整顿发展到高潮，而此时，邓小平与"四人帮"一伙的较量也白热化了。

"四人帮"集团利用各种机会向毛泽东告状，说邓小平要算"文化大革命"的账。

八年以后，邓小平对来访的外国客人说："那时我主持中央党政工作，提出了一系列整顿措施，每整顿一项就立即见效，非常见效。这些整顿实际上是同'文化大革命'唱反调，触怒了'四人帮'。他们又一次把我轰下了台。"

一场"反击右倾翻案风"的运动开始了。持续进行了九个月的全面整顿，也被迫中断。

中国人民和大批党内领导干部，恰恰是在1975年的整顿中了解了邓小平。

邓小平后来说："1975年我主持中央常务工作。那时的改革，用的名称是整顿，强调把经济搞上去，首先是恢复生产秩序。""1974年到1975年的改革是很得人心的，反映了人民的愿望。"

民心所向正是他后来被历史和时代选择的深厚基础。

1976年1月15日，邓小平代表中央为周恩来逝世致完悼词后，便在中国的政坛上消失了。

这年的清明时节，全国爆发了悼念周恩来、声讨"四人帮"的"四五"运动。事后，邓小平也被撤销了党内外一切职务，"保留党籍，以观后效"。

邓小平第三次跌入政治深渊。这一年，他已经是71岁的老人了。

第三次被打倒的邓小平被安排住在东交民巷17号。实际上是隔离。

前途凶险莫测，家人音信杳然，他依旧以沉默抗争着。和家人分别时，女儿曾悄悄塞给了他一副新扑克牌，每天他就以摆牌来打发时间，到他离开时牌角已磨得发了白。

1976年6月10日，邓小平回到了宽街家中。他每日以劳动锻炼身体，在毒毒的日头下，蹲在地上一剪刀一剪刀地剪草，汗水从他的额头流下，打湿了破了洞的老头衫。

1976年是他的本命年。8月22日，在宽街地震棚里，全家人为他热热闹闹地过了一个特殊的生日。家庭的温暖给了他极大的安慰,冲淡了困境中的忧虑。

后来,不少人见到邓小平,都问起在"文化大革命"后期再次被打倒时的感受,他总是用两个字来回答——"乐观"。

1977年,他对外宾说:"我能在被打倒后极其困难的情况下坚持下来,没有什么秘诀,因为我是共产主义者,也是乐观主义者。"

1984年,他对日本首相中曾根康弘说:"我一生最痛苦的,当然是'文化大革命'的时候。其实,即使在那个处境,也总相信问题是能够解决的。前几年外国朋友问我为什么能度过那个时期,我说没有别的,就是乐观主义,所以我现在身体还可以。如果天天发愁,日子怎么过?"

1985年,他又对外宾说:好多的朋友都问我身体健康的秘诀是什么,我的回答是"乐观主义",天塌下来也不要紧,总有人顶住。我是"三下三上"的人,没有乐观主义态度,没有相信自己的信念总会实现的思想,不可能活到今天。

1976年,随着"四人帮"的覆灭,始终乐观地相信未来的邓小平,再次迎来政治生涯的又一次转机。

1977年7月30日,邓小平出现在北京国际足球邀请赛的看台上面。他一露面,便被赛场的观众发现了。一拨又一拨的观众起身鼓掌,欢迎这位与他们一样喜欢足球运动的政治家。

新闻纪录片的摄影师，敏锐地捕捉到了这个画面。记录下73岁的邓小平第三次复出公开亮相的风采，也记录下人民灿烂的笑容和对未来的希望。

三次被打倒又三次崛起，邓小平自己也感慨万千：如果给政治上东山再起的人设立奥林匹克奖的话，我有希望获得该奖的金牌。

面对邓小平的传奇生涯，一些人也是感慨万千。特别是在1976年"批邓、反击右倾翻案风"的运动中，因为支持过邓小平的整顿而遭受牵连时被迫说过错话的人，曾经多次向邓小平道歉。

邓小平是怎样看待这种情况的呢？

他说：不要怪他们，请转告他们要放下包袱，当时我自己也批自己嘛，强迫他们做违心的事，说违心的话，也是一种迫害。涉及到我的都不要追究。

第三次复出的邓小平，没有心思计较个人得失，他想得最多的是赶快工作和如何工作。他说："我自从十八岁加入革命队伍，就是想把革命干成功，没有任何别的考虑。"

1977年8月7日，他在会见朝鲜驻华大使的时候，曾经这样说："我是三起三落，73岁，岁月不饶人，总是想多做点工作。"

习近平同志评价说：邓小平"一生'三落三起'都是因为敢于坚持真理、修正错误，每次被错误批判打倒都豁达乐观、

1977年8月,邓小平在中国共产党第十一次全国代表大会现场

沉着坚韧,对未来充满希望;每次复出重新回到工作岗位都无私无畏、以顽强的意志排除各种干扰,坚定不移推动正确路线方针政策的形成和实践"。

第三次复出的邓小平坦露了自己的心声。在1977年7月召开的十届三中全会上,他说:

> 出来工作,可以有两种态度,一个是做官,一个是做点工作。我想,谁叫你当共产党人呢,既然当了,就不能够做官,不能够有私心杂念,不能够有别的选择,应该老老实实地履行党员的责任,听从党的安排。

在这次讲话中,他说到自己还能活20年。

也许是巧合,从1977年复出,到1997年逝世,他此后真的活了20年。正是在他生命的最后20年里,他开辟了一个时代,他创造了历史,他为一个国家、一个民族赢得了青春。

带领党和人民走向辉煌的邓小平,也开始回顾和评述自己的经历了。

1984年3月,在会见日本首相中曾根康弘时,邓小平难得地对自己风云一生的心路历程,做了描述:

> 谈到我个人的经历,你在毛主席纪念堂的展览室里看到的那张有我在里面的照片是在巴黎照的,那时只有十九岁……经历也是艰难的就是了。我一九二七年从苏联回国,年底就当中共中央秘书长,二十三岁,谈不上能力,谈不上知识,但也可以干下去。二十五岁领导了广西百色起义,建立了红七军。从那时开始干军事这一行,一直到解放战争结束。建国以后我的情况你们就清楚了,也做了大官,也住了"牛棚"。你问我觉得最高兴的是什么?最痛苦的是什么?在我一生中,最高兴的是解放战争的三年。那时我们的装备很差,却都在打胜仗,这些胜利是在以弱对强、以少对多的情况下取得的。建国以后,成功的地方我都高兴。有些失误,我也有责任,因为我不是下级

干部,而是领导干部,从一九五六年起我就当总书记。那时候我们中国挂七个人的像,我算是一个。所以,在"文化大革命"前,工作搞对的有我的份,搞错的也有我的份,不能把那时候的失误都归于毛主席。至于"文化大革命",那是另外一回事。我一生最痛苦的当然是"文化大革命"的时候。其实即使在那个处境,也总相信问题是能够解决的。前几年外国朋友问我为什么能度过那个时期,我说没有别的,就是乐观主义。所以,我现在身体还可以……粉碎"四人帮"以后,我出来工作,从一九七七年到现在是七年,我相信没有犯大错误。但究竟怎样,让历史去评价吧。

风云途程,却是云淡风轻。曾经沧海的人,回首往事,确实有云淡风轻的心里底气和人生阅历、人格涵养。他不"先圣",也不"希贤",只求平淡和平实。当人们把这些平淡平实的心路历程,放在历史的天平上,标示出来的,却绝非是云淡风轻,而是无法称等的政治份量和人格份量。

二　相知人生

> 周总理，我一直把他看成兄长。
>
> 我和他（刘伯承）长期共事，相知甚深。
>
> 他对我评价时就讲过"人才难得"。扪心自问，这个评价过高。但这句话也说明人才是重要的，毛泽东同志是尊重人才的。
>
> ——邓小平

习近平同志曾评价说："邓小平同志客观公正对待党的历史、对待同志、对待自己，谦逊随和，平易近人，善于同人合作共事。"

1980年，邓小平接受意大利记者奥琳埃娜·法拉奇采访时，谈到了周恩来。他说："我们认识很早，在法国勤工俭学时就住在一起。对我来说他始终是一个兄长。我们差不多同时期走上了革命的道路。他是同志们和人民很尊敬的人。"

1923年,旅欧中国共产主义青年团部分成员的合影。后排右六为周恩来,后排右四为邓小平

刚参加革命的时候,在同事们眼里,邓小平是一位活泼的小弟弟。

在法国留学的日子里,他是在周恩来、李富春、聂荣臻、陈毅等一批兄长的影响下成长起来的。有意思的是,他和这几位兄长后来都成了新中国政府的总理和副总理。

他们之间保持了终生的友谊。

1974年,邓小平路过法国的时候,曾专门去寻访半个世纪前他们在巴黎意大利广场附近的住所,还特意买了二百多个羊角面包和各式各样的奶酪带回北京,分送给了周恩来、李富春、聂荣臻这些当年一道留法勤工俭学的兄长们。

很少喜形于色、平时话语不多的邓小平,对战友和同志却饱含着真挚的感情。

在1927年大革命失败后最初两年的时间里，邓小平在周恩来的领导下担任中共中央机关的秘书长，一直到"文化大革命"中进行整顿的时候，他都受到周恩来的关心和支持。

1975年9月20日，邓小平和张春桥、李先念等当时的中央政治局成员在医院为施行大手术治疗的周恩来送行。在进入手术室前，周恩来握住邓小平的手用力说道：你这一年干得很好，比我强得多！他后来回忆这件事，感慨地说总理讲的是心里话，也是讲给"四人帮"听的。

1975年12月8日，一场针对邓小平的"反击右倾翻案风"即将开始的时候，邓小平到医院看望病重的周恩来。周恩来关切而郑重地问他："态度会不会变？"他明确答复："永远不会。"周恩来高兴地说："那我就放心了！"这次交谈，是这两位心灵相通的老战友间的一次心神的交流，邓小平一生念念不能忘怀。

潇潇雨，雾蒙浓。
一线阳光穿云出。
⋯⋯⋯⋯
模糊中偶然见着一点光明，
真愈觉姣妍。

当年红七军、红八军的
总指挥李明瑞

这是周恩来青年时代在日本留学时写下的诗歌《雨中岚山》。1978年邓小平访问日本时，特意冒雨游览了京都的岚山。他说，周恩来的诗，就是写的雨中岚山。

1986年，邓小平和王震到广西考察。坐在船上，看着两岸风光，邓小平的思绪飘向了半个世纪前的风云岁月。他同王震谈起了红七军、红八军的总指挥李明瑞：我同李明瑞第一次见面，我是从百色到龙州，他们驻龙州，八军。那个时候还没有打红旗，那个时候见的面。

邓小平对李明瑞的描述很具体：李明瑞很不错，参加了革命非常刻苦。我和他从广西到江西，他没有骑过牲口，就是走路，我也陪着他一块走，我们两个走前面，带个先遣连。

北伐名将李明瑞，放弃了优越的社会地位，毅然选择了一条万般艰难的革命之路，为创建红七军、红八军立下了不可磨灭的功勋。1931年10月，李明瑞在中央苏区被"左"倾教条主义路线迫害致死。

作为红七军、红八军的总政委，邓小平一直怀念他。他曾几次对毛泽东说："李明瑞是被错杀的。"到晚年，他多次为李明瑞的事情写下批示，1986年专门审读了《中国大百科全书》中的"李明瑞"这个条目，批示说："称李为'左、右江领导人之一'的提法，是正确的。"

邓小平从没有进学校学过军事，但他最难忘的却是自己的军事生涯。

李明瑞是邓小平军事生涯的第一个搭档。人们还不太熟悉的是，邓小平的第二个军事搭档叫钟亚庆。

钟亚庆家住广东兴宁县七娘凹村。1929年，在罗屏汉影响下参加革命，先是当乡赤卫队长，后来成为红十一军独立团副团长。1932年5月，邓小平在江西会昌当中心县委书记时，县委组织部长罗屏汉介绍钟亚庆来当军事部长。稍后在会昌、寻乌、安远三县交界的筠门岭设立江西省军区第三作战分区，邓小平任军分区政委，钟亚庆任军分区指挥员。他比邓小平年长一岁。

当年军分区扩充了不少部队，有些正规部队也划归军分区指挥。钟亚庆觉得自己是土包子出身,不敢大胆指挥,邓小平就鼓励他不用怕,要大胆些,还送给他一支驳壳枪使用。不久,敌军钟少奎部一百多人进攻红军驻地,钟亚庆力排红军正规部队里来的两位参谋的意见,拿出一个作战方案,结果打了胜仗。邓小平知道后很高兴,钟亚庆回忆说,如果没有邓小平撑腰,他是不敢拿出自己的方案的。1932年9月,钟亚庆在反"围剿"战斗中负重伤,邓小平闻讯,立即从会昌打电话到筠门岭军分区收容所询问伤势,吩咐立即送后方医院。接着赶往医院探望,还拿出50元钱交到钟亚庆手里,嘱他专心把伤养好。

主力红军长征后,身有伤疾的钟亚庆隐姓埋名,一路讨吃回到老家。新中国成立后享受红军离散人员待遇,当过民兵大队长和生产队长,但很少人知道他和邓小平共事近一年的事情,直到1993年毛毛的《我的父亲邓小平》书里提到他。

毫无疑问,刘伯承是邓小平最有名的军事搭档。

邓小平和刘伯承相识是在1931年的中央苏区。邓小平说:"初次见面,他就给我留下了忠厚、诚挚、和蔼的深刻印象。我们在一起工作,是1938年在八路军一二九师,一个师长,一个政治委员,以后在晋冀鲁豫野战军、中原野战军、第二野战军,前后共事13年,两人感情非常融洽,工作非常协调。"

刘伯承和邓小平在太行抗日前线留影

刘伯承比邓小平大12岁，性格爱好不尽相同，在工作风格上，邓小平举重若轻，刘伯承则举轻若重，相互搭档，可谓相得益彰，天作之合。于是，人们习惯把"刘邓"连在一起，称他们的部队为"刘邓大军"。

部下将领们晚年谈起两位首长的关系，曾形象地说："刘邓之间没有顿号。"

一二九师是在原红四方面军的基础上组建的。一些老同志多有这样的印象，张国焘在红四方面军做政治工作，常常讲的是共产国际的纲领；邓政委来后，做政治工作，常常讲党的政治纪律。

关于邓小平到一二九师以后的指挥风格，部下杨国宇的印象很深，他说：邓政委"严肃起来不说话，可一说话，就像打出一颗子弹，那你就非执行不可，虽然话不多讲，也不讲空话，讲一句算一句，讲了就要办到，办不到的话他不讲"。

说到刘邓之间的亲密关系，真有不少细节。1942年反"扫荡"时，邓小平到中条山去，刘司令亲自安排部队护送，每天都往各地打电话询问政委的行程。刘邓大军过了黄河后，有一个很短的休整。业余时间，司令部的人打扑克，有时候声音很大，邓小平就说：不要大笑，让刘司令安静休息。

1947年刘邓大军到达大别山后，为了站稳脚跟，决定分兵作战。刘伯承率一部分人马转到外线开辟新战场，邓小平率一部分人马在大别山坚持内线作战。分手时，邓小平对刘伯承说："我到底比你年轻，留在大别山指挥，你到淮西去指挥全局。"刘伯承说："警卫团给你留下，我只带一个排就行了。你在大别山行动频繁，我带电台在淮西给你提供敌情。"

后来有人对邓小平说：打仗，二野都说到你。邓小平当即回答：我是政委，没有好司令员怎么能打仗，刘帅打仗很行。刘邓怎么可分？

毛泽东曾说邓小平这个人公道、厚道和周到。这个评价是有依据的。

这是长期观察的结果。比如"厚道"，确实是邓小平的一贯风格。解放大西南的时候，中央安排的人事布局是：邓小平为西南局书记，是党在西南地区的一把手；刘伯承为西南军政委员会主席，是行政上的一把手；贺龙是西南军区司令员，是军事上的一把手。一般说来，涉及几位领导一起参加会议、出席活动，新闻报道总会有个先后排名。对此，邓小平专门在西南局会议上决定，凡是我们几位首长要见报的，顺序一律按刘伯承、贺龙、邓小平这样的顺序来排。有一次新闻报道稿件，把邓小平排在第一位，他马上按顺序调整过来。

1950年10月，在刘邓二人合作13年后，刘伯承奉命到南京创办军事学院。分手时，刘伯承把自己十分珍视的一张照片送给了邓小平，还在照片的背后写下了这样的话语："1916年袁世凯称帝，发生了反袁战争。我在反袁战争中于是年阴历二十七日四川丰都脑部受伤，右眼致残。此为前一年所照之相，历经36个年头始获之。置之左右，以博一粲。小平同志，刘伯承敬赠。"

这张照片，邓小平一直保存着。

在三卷《邓小平文选》收入的218篇文章中，只有两篇是写人物的，而这两篇写的都是刘伯承。一篇是1942年的《庆祝刘伯承同志五十寿辰》，一篇是1986年的《悼伯承》。

刘伯承元帅逝世后，邓小平率先带着全家来向战友告别。他在《悼伯承》的文章里说，自己和刘伯承"长期共事，相知甚深"。

1989年11月20日，邓小平接见了编写二野战史的老同志们。新中国成立后由于工作繁忙,他很少有机会和这些老部下坐到一起。

他同大家亲切地打着招呼:

"哎哟,好多年没见面了。你今年多大了,81岁,这多少年不见面了。那次要见我,没见,我不便。"

"你好啊!你很健康啊!你过了80了,81。"

"不要喇叭了,见面不容易啊,这些老人啊,好多年没有机会在一块儿见个面了,我也不讲话了,随便聊两句吧。"

也许是感到岁月悠悠,时光不再,这些老人们一聊就聊了很多。

谈话中,85岁的邓小平反复提到一个人,那就是毛泽东。

他说:"1947年毛主席打了一个极为秘密的电报给刘邓,要我们直出大别山,我们二话没说,立即复电,半个月后行动。一走就一千里,下这个决心真了不起,从这一点也可以看出毛主席战略思想的光辉。"

他还说:"淮海战役和渡江战役,我当总前委书记,毛主席对我说,我把指挥交给你。这是毛主席亲自交代给我的。"

黄河东去,大浪淘沙,历史的风流人物,格外引人瞩目。在20世纪的中国,毛泽东、邓小平这两位世纪伟人,先后书写了波澜壮阔的革命、建设和改革的历史。每当回忆起这段漫长、艰辛的历史，邓小平都深怀感慨。1978年12月13日，他在中共中央工作会议闭幕会上的讲话中说：

> 没有毛主席就没有新中国，这丝毫不是什么夸张。毛泽东思想培育了我们整整一代人。我们在座的同志，可以说都是毛泽东思想教导出来的。没有毛泽东思想，就没有今天的中国共产党，这也丝毫不是什么夸张。

湖北省武汉市鄱阳街139号是著名的中国共产党八七会议旧址。1980年7月15日，邓小平带着他的家人来到这里，参观阔别53年的故地。

这不只是怀旧，还饱含着对党的历史的深情回顾。他在会议旧址的展厅里坐了15分钟，指着会议参加者的照片，一个一个点，这个是谁，那个是谁，记得很清楚。他还回忆起，当时与会者是怎么进来的，谁先进来的，以及开会的情景。最后说道：

> 那个时候我是中央的秘书，是政治秘书。八七会议的时候，我们住在武昌，武昌三道街1号、11号。那个时候政局变化很大，还是在八一以前就定的吧，一部分人去搞南昌起义，一部分人开这个会，是叫八七嘛，会议是号召

搞全国起义，全国到处起来，从八一就开始了。

当时我们二十几个人是分三天进来的，我是第一批进来的，会议开了一夜，24小时，当时我在这里呆了六天，最后走的。

深情的回忆，跨越了悠远的历史时空，沉淀了人生和历史的深厚复杂况味。

1927年，23岁的邓小平在这次关键的会议上，见证了中国革命的历史转折，也第一次见到了34岁的毛泽东，领略了毛泽东高人一筹的胆识和智慧。

正是毛泽东在八七会议上说的后来广为流传的一句名言——"政权是从枪杆子中取得的"——揭开了邓小平和党内许多领导干部此后的戎马奋斗生涯。

八年后，同样在另一次扭转乾坤的遵义会议上，邓小平亲眼目睹了历史如何在曲折中选择了毛泽东。他是以中央秘书长的身份列席这次开始确立毛泽东在中央领导地位的关键会议的。

说起来，围绕邓小平是否参加了遵义会议问题，还有一个插曲。

"文革"中，"四人帮"硬说他伪造历史，说自己参加了遵义会议。邓小平知道后，只是平静地说：我一生的历史已经够光荣了，参加遵义会议也增添不了什么光荣，没有参加也抹杀不了我一生的光荣。

的确,在此后的历史进程中,邓小平不断地吸引毛泽东的目光,不是因为他参加了什么会议,而是因为他在艰难的革命行程中表现出来的才干和智慧。

艰苦鏖战,艰难岁月,艰辛探索,邓小平挑起千斤重担。军事行动,根据地发展,党的建设,邓小平努力踏出一片江山。

在抗日战争最艰苦的岁月里,他在太行山主持北方局和八路军总部的工作,用他自己的话说,是"处在一个大门的地位"。这个大门,就是党中央所在地延安和陕甘宁边区的大门。

邓小平积极贯彻党中央指示。他高度重视开始于1942年的"整风运动",称之为"建党的百年大计"。

1943年11月10日,他在北方局党校整风动员会上的讲话中说:"我党自从一九三五年一月遵义会议之后,在以毛泽东为首的党中央领导之下,彻底克服了党内'左'右倾机会主义,一扫主观主义、宗派主义和党八股的气氛,把党的事业完全放在中国化的马列主义,即毛泽东思想的指导之下,直到现在已经9年的时间,不但没有犯过错误,而且一直是胜利地发展着。"

邓小平说,他最高兴的是解放战争的三年,因为在装备落后的情况下总是能够打胜仗。他还说:"整个解放战争,从头到尾,二野都处在同敌人针锋相对斗争的最前面。"

这当中，刘邓大军挑得最重的担子，是千里挺进大别山。

对此壮举，毛泽东高度评价说："他们没有后方，物资困难，人拖瘦了，脚板跑大了，这代价必须支付，因为代价是伟大的，要号召全党全军向他们学习。"

挺进大别山不易，坚持在大别山无疑更困难。

邓小平激励部队说：我们在大别山背重些，其他部队和地区就能大量歼灭敌人和深入开展工作，这对全局极为有利，我们再削弱再吃苦也要坚持住。

极端困难的时刻，身在大别山的邓小平，惦念着在陕北转战的毛泽东和党中央的安危。有一天，他破例请身边的干部们喝了一杯酒，他说：我们好几天没有得到陕北方面的消息，不知道他们是否安全。今天收到了党中央发来的电报，电报上说毛主席和中央机关安然无恙，所以我们喝一杯庆祝的酒。

在开辟中原新解放区的过程中，邓小平从中原新解放区的实际情况出发，对整党、土改和工商业政策等问题，提出了许多重要意见。

毛泽东说，看了小平同志的报告，就好像夏天吃了冰块儿一样，很痛快。他还把邓小平的报告转发各地，推广中原新区的经验。

1951年9月3日，刚刚从四川考察土改回京的全国政协委员梁漱溟，被毛泽东接到中南海。毛泽东问他对四川的印象。

晋冀鲁豫野战军在紧张作战的同时,开展了整党和新式整军运动。这是邓小平在作动员报告

梁漱溟说:"解放前我在四川生活若干年,那是一个很复杂很混乱的地方,解放不过两年,四川就出现了安定的局势,的确没有想到。"他特别以解决四川袍哥为例,说袍哥在四川历史悠久,范围很广,影响很大,要解决十分棘手。听说邓小平采取的政策是对大多数袍哥不予追究,孤立极少数,这桩事办得漂亮。大多数不予追究,他们就自然慢慢散开,被瓦解了;相反,若一一追究,却正好促使他们抱成死团与新政府对抗。前因后果,利弊得失,明白人看得一清二楚。邓小平既年轻,又有才干,由此可见一斑。

毛主席听着梁的话,竟笑出声来说:"梁先生看人还蛮准呢，无论是政治，还是军事，论文论武，邓小平都是一把好手。"

这是目前知道的毛泽东对邓小平个人较早的明确欣赏和评价。

这样一把好手，当然要委以重任。

1952年的7月，周恩来给毛泽东写了一封信，说自己要把工作的重心放在外交这些方面，政务院的事情，如果能跟邓小平商量好，让他来多做一些更好。毛泽东当天就同意了这个意见。

3天后，刘少奇代表中央给远在重庆的邓小平发了一个电报，希望他尽快把西南的问题处理好，到中央来工作。

7月下旬，邓小平便来到了北京。8月7日，他走马上任政务院副总理。先后分管监察、民族、人事，还有交通、铁道、邮电，甚至兼任过财政部长。

毛泽东在1953年3月的一个报告上批示：今后凡是政府方面要由中央批准的事，请小平多管一些。

就这样，新中国成立后，无论是在西南做"封疆大吏"，还是在北京做"中枢要员"，邓小平的工作都获得了毛泽东的高度称赞和信任。

毛泽东最全面地评价邓小平，是在1956年的七届七中全会上。

当时,他提议邓小平任中央书记处总书记。邓小平表示这样不顺,毛泽东对与会的中央委员说:他说不顺,我可以宣传几句,如果大家都赞成,就顺了。我看邓小平这个人比较有才干,比较能办事,比较周到,比较公道,是个厚道人。

在党的高级干部中,得到毛泽东肯定的人为数不少,但得到这么具体的高评价的人并不多。

事实上,在中央领导人中,邓小平也是毛泽东评价最多的人。

在1957年1月27日省市委书记会议上,毛泽东对党的高级干部讲:"要按辩证法办事。这是小平同志讲的。我看全党都要学习辩证法,提倡按辩证法办事。"

这年11月,毛泽东在莫斯科对赫鲁晓夫说:"你看到那边那个小个子吗?他非常聪明,有远大的前程。"又说:"这个人既有原则性,又有灵活性,是难得的人才。"

赫鲁晓夫似乎颇有同感,连连点头:"这个人可厉害,我跟他打过交道,1956年他来了,你可别看他个子低一点,他的智慧、思想水平很高。"

的确,在同苏联打交道的过程中,邓小平充分展示了他坚持原则又绵里藏针的智慧策略。

1963年7月21日,邓小平率中共代表团去莫斯科参加两

1963年7月,邓小平率领中国共产党代表团赴苏联参加中苏两党会谈回到北京。毛泽东、刘少奇、周恩来、朱德等领导同志到机场欢迎

党会谈胜利归来的时候,毛泽东、刘少奇、周恩来、朱德、董必武等党和国家领导人全部到机场迎接。这是历史上罕见的盛况。邓小平精神奕奕地走下舷梯。毛泽东评价代表团说,你们取得了完全的胜利,并称赞邓小平:"赫鲁晓夫曾经说,邓小平人那么矮,但是一个重量级拳击师。事实上是这样,赫鲁晓夫搬不动你,斗不过你,苏斯洛夫更不在话下。"欣赏之情,溢于言表。

毛泽东对邓小平寄予了厚望。他曾说:"我说我们这些人,包括我一个，总司令一个，少奇同志半个（不包括恩来同志、陈云同志跟邓小平同志，他们是少壮派），就是做跑龙套工作的。我们不能登台演主角，没有那个资格了，只能维持维持，帮助帮助，起这么个作用。"

1950年代后期开始，中央领导人的工作分为一线和二线，身为中央书记处总书记的邓小平在一线忙碌。

1961年邓小平主持起草了一个《工业七十条》，毛泽东很满意、很赞赏。他说，我们终究搞出一些章法来了。一直到毛泽东临终时，他还把《工业七十条》的文件摆在枕边，始终没有提出过批评。

的确，《工业七十条》是邓小平的得意之作。后来他多次说起这件事情："毛泽东同志历来主张要有章程。有章程才能体现党的方针、政策。过去的工业七十条，基本上是好的，是修改的问题，不是要废除。"

即使是在"文化大革命"中，邓小平对毛泽东保护自己的深厚用心，也是心领神会，一直念念不忘。

一次，他碰到阿沛·阿旺晋美，特意说了一句：我也是毛主席和周总理保护下才活下来，把我送到一个小地方去，也是一种保护。后来起草第二个历史决议时，邓小平也曾同起草小组的人讲：是毛主席保护了我。

毛泽东对邓小平的保护，在某种程度上，给了邓小平很大的自信。1969年他被送到江西，护送人在临走的时候问他还有什么要求？他说了一句："我还会出来工作的。"

1973年12月，在八大军区的司令员对调的会议上，毛泽东对部队领导同志讲："现在，请了一个军师，叫邓小平。发个通知，当政治局委员、军委委员。我想政治局添个秘书长吧，他不要这个名义，那就当个参谋长吧。"一天后，毛泽东又说："我们现在请了一个参谋长，他呢，有些人怕他，但他办事比较果断。他一生大概是三七开。你们的老上司，我请回来了。政治局请回来了，不是我一个人请回来的。"毛泽东又转身对旁边的邓小平说："你呢，人家有点怕你，我送你两句话，柔中有刚，绵里藏针，外面和气一些，内部是钢铁公司。"

周恩来的病越来越重，围绕着四届人大的组阁之争也在党内健康力量和"四人帮"一伙之间展开。而毛泽东则一次又一次地支持了邓小平。

1974年10月，王洪文秘密来到长沙，向毛泽东诬告周恩来和邓小平。毛泽东对他说：有意见当面谈，这么搞不好，要跟小平同志搞好团结。小平同志政治上强，会打仗呢。"你回去，要多找总理和剑英同志谈，不要跟江青搞在一起，你要注意她。"

邓小平因外事需要也来到了长沙。他向毛泽东当面汇报了政治局关于四届人大组阁问题争论的情况，也谈及了自己和江青斗争的情况。毛泽东听后表示："她（指江青）强加于人哪，我也是不高兴的。你开了一个钢铁公司！好！"邓小平说："我实在忍不住了，不止一次了。"毛泽东说："我赞成你！"

根据中央政治局的意见，12月23日，周恩来和王洪文一起飞赴长沙，向毛泽东汇报四届人大的筹备情况。在这次汇报中，毛泽东说，邓小平"政治思想强，人才难得"。周恩来和毛泽东的会面，议定邓小平担任中共中央副主席、政治局常委、第一副总理、军委副主席和总参谋长等重要职务。邓小平肩上的担子愈加沉重。

毛泽东欣赏邓小平，倚重邓小平，他曾对越南劳动党第一书记黎笋说：我们现在有领导危机。总理身体不好，一年开过4次刀，危险。叶剑英身体也不好。我82岁了，我也有病。他指着邓小平说，只有他算一个壮丁。

这一年，他还曾指着邓小平对来访的朝鲜劳动党中央总书记金日成说："他能打仗，会反修，会做政治思想工作。我们要他，以后有事找他。"

邓小平与毛泽东在一起的最后一张合影，时间是1975年5月31日。

邓小平陪同毛泽东最后一次会见外国客人，时间是1975年12月2日下午。

1975年邓小平在毛泽东的客厅里

毛泽东走了,带走了许多未竟的心愿。

世界关注着在邓小平带领下走出"文革"阴影的中国,将如何评价毛泽东。

在毛泽东逝世的时候,没能为毛泽东送别的邓小平,也深知中国共产党必须要面对这个现实。

带领人民走出"文革",需要勇气和智慧。

回过头来科学地评价历史,科学地评价毛泽东,不仅需要勇气和智慧,还需要拥有坦荡真诚的胸怀、公道厚道的格局和着眼于未来的视野。

伴随纠正"文革"的冤假错案,社会上出现了一股全盘否定毛泽东思想的错误思潮,而西方舆论则认为,中国正在"非毛化","大陆批毛,势在必行"。

这种气候被一位意大利著名女记者敏锐地察觉到了。这个人就是在国际新闻界以善于抓住关键时机采访风云人物而著称的奥琳埃娜·法拉奇，她在1980年提出要采访邓小平。

邓小平被法拉奇列为采访对象，证明她事先已做足了研究中国领导人的功课。在当时中共领导层中，邓小平是最老的同志之一，结识毛泽东的时间又最长，而更引人注目的是他政治生涯的"三落三起"都与毛泽东有关，由邓小平来评价毛泽东，无疑是最具权威性也更有说服力的。

然而，法拉奇提问尖锐，言语泼辣，善于触及敏感问题，不少政治活动家曾被她问得狼狈不堪，当她采访以能言善辩扬名国际政坛的美国前国务卿基辛格之后，基辛格曾恼怒地叹息："她把我完全毁灭了。"

邓小平同意了法拉奇的采访要求。而法拉奇提出的第一个问题，就是天安门上的毛主席像，是否要永远保留下去？

> 法拉奇：天安门上的毛主席像，是否要永远保留下去？
>
> 邓小平：永远要保留下去。过去毛主席像挂得太多，到处都挂，并不是一件严肃的事情，也并不能表明对毛主席的尊重。尽管毛主席过去有段时间也犯了错误，但他终究是中国共产党、中华人民共和国的主要缔造者。拿他的

功和过来说，错误毕竟是第二位的。他为中国人民做的事情是不能抹杀的。从我们中国人民的感情来说，我们永远把他作为我们党和国家的缔造者来纪念。

采访中，邓小平还特别对法拉奇说："你一定要记下我的话，我是犯了不少错误的，包括毛泽东同志犯的有些错误，我也有份，只是可以说，也是好心犯的错误。不犯错误的人没有。不能把过去的错误都算成是毛主席一个人的。"

基辛格在西方媒体上读到了法拉奇这次采访的文章，到北京访问时，他告诉邓小平："在世界上所有领导人当中，你是唯一同法拉奇谈话取胜于她的人。"而邓小平后来回忆说："她给我出了许多难回答的问题，我总算通过了考试。"

邓小平通过了一场艰难复杂的政治大考试，因为他拥有坦荡无私的博大胸襟。习近平同志评价说，"坦荡无私，是邓小平同志一生最光辉的人格魅力"。

坦荡无私天地宽。只有坦荡无私的人，才能不屈不挠地面对人生的起伏，有情有义地对待和评价战友、同志，谦虚谨慎地看待自己，评价自己。

第三次复出时，他说：我这个人犯过不少错误，我死了，如果后人能够给我以三七开的估计，我就很高兴，很满意了。

改革开放后，邓小平更是反复地这样评价自己的经历：

1979年1月28日至2月5日,邓小平访美期间,与美国前国务卿亨利·基辛格博士共进早餐

"如果从一九二二年算起,我在共产主义旗帜下已经工作了六十多年。这期间做了不少好事,也做了一些错事。"

"我熟悉我们党从开头到现在的历史,对许多重大事件的历史过程都比较了解。总结历史,不要着眼于个人功过,而是为了开辟未来。""建国以后,成功的地方我都高兴。有些失误,我也有责任,因为我不是下级干部,而是领导干部,从一九五六年起我就当总书记。那时候我们中国挂七个人的像,我算是一个。所以,在'文化大革命'

前，工作搞对的有我的份，搞错的也有我的份，不能把那时候的失误都归于毛主席。"

"在这些问题上要公正，不要造成一种印象，别的人都正确，只有一个人犯错误。这不符合事实。"

1989年，在谈到五一国际劳动节天安门前挂像的问题时，邓小平明确表示：五一、十一都一样，就挂毛主席、孙中山的像。

为中国的未来开辟新道路的邓小平，总是强调，自己做的事情，离不开以毛泽东为核心的党的第一代中央领导集体的探索，是他们的事业的发扬光大。

三　务实本色

> 我读的书并不多，就是一条，相信毛主席讲的实事求是。过去我们打仗靠这个，现在搞建设、搞改革也靠这个。
>
> 我是实事求是派。
>
> ——邓小平

1980年，四川的一位画家曾经给邓小平画了一幅黄猫黑猫图，以此来表达对这位老人一生坚持的思想方法、工作方法的称赞。邓小平欣然接受了这片心意。

它的由来，缘于邓小平在1962年说的一句在全国家喻户晓的名言。那时，由于"大跃进"的失误和严重的自然灾害，全国经济形势非常紧张，人民生活很困难。安徽等省一些农村为了度过经济困难的日子，自发进行了包产到户、责任田等各种形式的试验，这在党内引起了争论。

1962年7月2日，邓小平主持召开中央书记处会议，讨论恢复农业生产的措施。邓小平针对当时的争议表态说："现在是过渡时期，哪一种方法有利于恢复农业，就用哪一种方法。我赞成认真研究一下，分田或者包产到户，究竟存在什么问题，因为这相当普遍。我们总要有答复。群众的要求总有道理，不要一口否定，不要在否定的前提下去搞。过渡时期，形式要多种多样。陈云同志也赞成多种多样。总之，要实事求是，不要千篇一律。这几年就是千篇一律。"

五天后，他又来到共青团三届七中全会的会场，在向团中央的委员们介绍国内形势时，继续宣传他的观点："农业要恢复和发展，要从生产关系上解决问题。照我个人的想法，可能是多种多样的形式比较好。""哪种形式在哪个地方能够比较快地恢复和发展农业生产，就采取哪种形式；群众愿意采取哪种形式，就采取哪种形式，不合法的使它合法起来。"

为了形象地表达自己的观点，他引用了一句四川的俗语："不管黄猫黑猫，捉住老鼠就是好猫。"

这句话不胫而走，传遍了全国。"文化大革命"中，这也成了邓小平的一个"罪状"。

像这样幽默简明而又寓意深刻的话，邓小平说过很多。1978年2月，他在成都对四川省委的领导说："我在广东听说，养3只鸭子就是社会主义，5只鸭子就是资本主义，怪得很！"

鸭子也好，猫也好，人们都能从这朴素的话语中，听出邓小平所要表达的实际含义，就是实事求是。

1978年6月2日，邓小平在全军政治工作会议上作重要讲话，倡导恢复实事求是、一切从实际出发、理论与实践相结合的作风。

1978年12月，邓小平在中央工作会议上说道：

实事求是，是无产阶级世界观的基础，是马克思主义的思想基础。过去我们搞革命所取得的一切胜利，是靠实事求是；现在我们要实现四个现代化，同样要靠实事求是。

习近平同志曾讲，"实事求是，是邓小平同志一生最重要的思想特点"，"正是因为具有这种彻底的求真务实精神，邓小平同志果断从容处理了党和国家面对的一系列重大问题"。

邓小平经历了太多的磨难和辉煌，留下了太多的记忆和回响。可人们印象最深的，总是他那谦虚的胸怀、求真的风骨、务实的本色。

即使在晚年获得巨大声誉的时候，他始终保持着清醒的头脑。

哪怕一些小事，他也会较真地坚持事实的真相。

曾有人回忆说，1920年10月19日，邓小平一到法国，就"活泼机灵地跑在前面"，向前来迎接他们的法华教育会的代表报告说，船上的重庆学生已分成四组，可以按组上岸。

他知道这个说法后，笑着说：我是那批八十几个人里面最小的，连发言权都没有。

他反复告诉人们：永远不要过分突出我个人。我所做的无非反映了中国人民和中国共产党的愿望。他又说：这几年来我有意识地减少工作，让别人多做，中国的现行政策并不仅仅体现在我一个人身上。中国的政策并不是我一个人提出来的，中国的现行政策是得到全国绝大多数人的广泛支持，得到广大干部的支持，干部和群众都要求改革。改革开放中许许多多的东西，都是群众在实践中提出来的，"绝不是一个人脑筋就可以钻出什么新东西来"。

邓小平从不喜欢滔滔不绝地高谈阔论。

当孩子们问起他在太行山时期都做了些什么事，邓小平只回答两个字——"吃苦"。

在评价刘邓大军的辉煌战史的时候，他也只用两个字——"合格"。

1992年在南方，他依然用短促而掷地有声的话语来评价自己的作用——"我的作用就是不动摇"！

这就是邓小平的风格，这就是邓小平的智慧。几十载风云看淡，一生沉浮逝水无波。邓小平以其独特的方式，坚定地朝着心中的理想迈进。他雷厉风行，果敢沉毅，善于抓住问题核心，一语中的。大山般的缄默是他独特的语言，静水般的沉思是他卓越的思想。

1993年至1994年,三卷本《邓小平文选》出齐。邓小平的重要思想,集中体现在这套三卷本的《邓小平文选》当中。其中的篇章,都经由邓小平校订过。除了少数重要会议上的正式讲话篇幅较长且显得有些凝重外,大量都是谈话记录,语言简单朴素,文风平白实在。

邓小平还给汉字的海洋里增添了许多鲜活睿智的词语:"两手抓""三步走""硬道理""翻两番""一国两制""三个面向""第一生产力"……

简洁明确的语言,传达着耐人寻味的深邃思想。这样的语言,更是充满了智慧和力量。如今,这些词语已经成为今天的中国人最可宝贵的精神财富。

文如其人。就在他看似轻松的点画中,却逐步展开了实现中华民族伟大复兴新的时代画卷。

邓小平一生崇尚简朴,反对讲排场,反对烦琐哲学。

在整个抗日战争和解放战争中,指挥千军万马,他始终没有私人秘书。新中国成立后直到"文革"前的17年间,他也只有一个秘书。

对邓小平来说,人不在多,有效率就行;话不在多,管用就行。

在20世纪80年代的一次会议上,邓小平刚在主席台落座,工作人员就给他送上了会议要讨论的文件。他拿起来翻了翻，有些感叹地说："稿子越讲越多，都70多页了。"

难怪邓小平发此感叹，在他的一生中，开会一般不作记录，平时也很少记笔记，发言时最多一个纸条记几个数字，但凡落笔都在文件上面。

1975年，邓小平负责四届全国人大一次会议政府工作报告的起草工作。那是什么样的年代啊，"文化大革命"的动乱还在继续，对各项工作的整顿正在邓小平的心中酝酿，极左路线和教条主义正在横行，"四人帮"的许多文章动辄引经据典，空话、废话、假话连篇累牍。在这样的背景下，要说的话很多很多，要讲的道理很多很多。但是，邓小平主持起草的报告只有5100字，却把要讲的"实现四个现代化"的中心意思表达得清清楚楚，也照顾到了方方面面。

这是邓小平唯一一次亲自负责起草的政府工作报告，也是新中国历史上字数最少的政府工作报告。

不仅如此，处理文件邓小平也是当日事当日毕，看完批完就让秘书拿走，办公室内不留文件。他的办公室确实干净简单，除了书籍以外，几乎看不到与他工作有关的东西。

说起来还有这样一个真实的故事。1967年7月19日，一些造反派到邓小平住所抄家，他们在邓小平的办公室、会客室、卧室翻来翻去，希望找到一些"罪证"，可除了书籍外，什么有价值的东西也没找到。极度失望的造反派悻悻地说："一点笔记都没有，这个总书记也不知道是怎么当的。"

不爱记笔记的邓小平，喜欢用数字说话。他不喜欢用形容词代替量词。谈论事情，他不喜欢模糊含混，吞吞吐吐，他做决策，干事情，总是追求"心中有数"。因为他是一位求实、务实、踏实的实干家。

建国初期，邓小平就用90万、6000万和60万三个数字概括了西南地区的形势和任务。

1950年1月8日，第二野战军举行完进入成都的入城仪式后，邓小平就感到，部队的思想，主要是团以上干部的思想，有必要加以提高。部队打了胜仗，进了城，建立了政权，是不是就可以放心睡大觉、尽情享受胜利果实了呢？邓小平不这么认为。在他看来，面临的任务不仅更多，而且更艰巨。他先是起草了《二野前委关于克服享乐思想迎接新任务给杜义德同志并川南区党委的信》，随后又在三兵团召开的团以上干部会议上，向中高级干部耳提面命。会议一开始，他就向大家提了一个问题："西南的仗打完了没有？"

干部们面面相觑，不知邓政委此问何意。西南已经解放，敌人已经被消灭，只剩下零零星星的若干土匪，难道政委是指这个仗还没完吗？在这些南征北战的军人们看来，对付这些土

1950年7月,邓小平在西南军政委员会第一次全体会议上讲话

匪,等于牛刀杀鸡,不好意思说是什么打仗了。

就在干部们的思索中,邓小平分析道,西南现在面临着90万、6000万和60万三大任务。90万,是指要把战争中投诚和俘虏的90万国民党部队改造成人民的军队;6000万,是指西南地区7000多万人口中,有6000多万是我们要依靠的人民群众,要组织他们实行土改,发展经济;60万,是指在西南的60万人民解放军,要把战斗队变为工作队,创造和建设一个新的大西南。面临着这样重大的任务,怎么能说仗打完了呢?

三个数字,生动形象地说明了西南的新形势和新任务,给干部们留下了深刻的印象。几十年后，有些干部还记得当时的情景。

邓小平到基层调研，也特别喜爱打听数字。

1958年2月，邓小平到四川农村视察。在隆昌县新生高级农业合作社，当社长拿出笔记本和事先准备好的材料准备汇报时，邓小平摆摆手说："不用了，还是我问到哪里，你们就答到哪里吧。"

于是，在一片坪坝上总书记和农民开始了这样的问答。

问："你全大乡有好多党员、好多团员、好多个党支部、好多个团支部、好多贫农、好多中农？"

答："有500多党员、700多团员、19个党支部、19个团支部。"

问："你们的粮食亩产量有多少？"

答："大多数亩产五六百斤，小面积可达七八百斤。"

问："社员一年能分多少斤粮食？"

答："谷子分得到四五百斤，加上小春和杂粮，拉拢来算，一个社员平均分得600多斤。"

邓小平听到这里，说："少了，一般来说要八九百斤，包括牲畜粮要千把斤才够。"

他接着问："你们高级社有多少人口，多少土地？"

答："全社有5600多人，1100多户，社里有5个管理区，32个生产队，全社有土地5800多亩，人平均1亩多地。"

问:"社里喂了多少猪?"

答:"全社的公有猪、私有猪加起来共有5100多头,人平均近0.9头。"

"看起来你们这几年养猪事业发展得还是不错的,但是还不算多,要争取发展到一人一头猪或是一头多一点。"

邓小平评论了几句,接着问:"你们社有好多堰塘,兴修了多少水利?"

答:"堰塘不多,新修的山湾堰塘比较多,全社有108个堰塘。"

邓小平批评说:"你们的植树造林搞得不好,没有什么树木,要下点功夫搞绿化。"

然后,邓小平提议进村里去看几家农户。在农民郭士元家,他问了能分多少粮食、两头猪一天能屙多少粪。在另一户农民家,他问了一个老大娘一天能绩多少麻、能有多少收入。他还问了高粱、花生、油菜的产量,问了鸡蛋的价格。

每一个问题都和数字有关,每一个数字都和人民的生活、生产有关。

在农村这样,在企业也如此。

1961年,邓小平到大庆视察工作。他在一口油井旁和工人聊起来。

问:"这口井每天产量多少?"

答:"用12毫米油嘴每天产油120吨。"

问:"用7毫米的油嘴每天产量多少?"

答:"可以产50吨。"

邓小平说:"恐怕不止这个数,要有70吨到80吨。"

他问油田领导:"职工生活如何?一个月吃多少钱?"还问:"去年盖了多少平方的房子?(指职工住房)今年准备盖多少?每平方多少钱?"

也许,在一些人看来,数字是冰冷的,枯燥的。但在邓小平的眼里,这些抽象的数字却是富有生命的,是实事求是的"实事"。了解了这个"实事",才能做出正确的合乎实际的判断和决策。

邓小平不光问数字,还帮着地方的同志算数字。他算的账,十分细致。

1979年7月,他在黄山为当地干部算起了旅游账:黄山是你们发财的地方,对黄山的工作要好好整顿,主要是搞好服务工作。"外国人到中国旅游,一般的一星期要花1000美元,有时钱花少了还不满意。"他指着古色古香的观瀑楼说:"一家住一天可以收他500美元,起码200美元。我在美国住旅馆,最低的是900美元,高的有1200美元。"

他还建议说:"每个宾馆要搞小卖部。祁红、绿茶搞小包,一二两的,包装搞得漂亮些,卖他几个美金。他不是喝茶,是当纪念品。游客带回去送人，表示他到过黄山。安徽纸、墨、笔、砚，也要搞包装，卖美金。小卖部卖笔、墨、纸、砚，定国际价格，大有买卖可做。""山区宝多得很。种柞树也很好。要搞经济林。要很好地发展竹木手工生产，搞好竹编生产，搞些好的竹编工艺品，每件收他几个美元。""公园要卖门票，外国人一个价，中国人一个价。泰国曼谷公园本国人收两角钱，外国人收一元五角钱。"

祁红和绿茶不管包装得多漂亮，都还是小插曲。邓小平心里真正挂念的，是一笔大账，是中国究竟怎样发展的大账。

他为这笔大账起了个名字，叫"翻两番"。

粉碎"四人帮"后，"四个现代化"成了最大的政治。但达到什么水平才算实现了现代化，并没有一个明确的、可以让人一目了然、看得见摸得着的说法。

1979年10月4日，在各省、自治区、直辖市第一书记会议上，邓小平说了这样一段话："我们开了大口，本世纪末实现四个现代化。后来改了个口，叫中国式的现代化，就是把标准放低一点。特别是国民生产总值，按人口平均来说不会很高。据澳大利亚的一个统计材料说，一九七七年，美国的国民生产总值按人口平均为八千七百多美元，占世界第五位。第一位是科威特，一万一千多美元，第二位是瑞士，一万美元，第三位是瑞典，九千四百多美元，第四位是挪威，八千八百多美

1984年,在国庆35周年庆典上,邓小平向游行群众招手示意

元。我们到本世纪末国民生产总值能不能达到人均上千美元?前一时期我讲了一个意见,等到人均达到一千美元的时候,我们的日子可能就比较好过了。""现在我们的国民生产总值人均大概不到三百美元,要提高两三倍不容易。"

不久,他在会见外国友人时,正式把翻两番达到1000美元的设想表达了出来。

1982年9月,党的十二大正式把"翻两番"作为党的一个奋斗目标提出:从1981年到20世纪末的20年,我国经济建设总的奋斗目标是,在不断提高经济效益的前提下,力争使全国工农业的年总产值翻两番,即由1980年的7100亿元增加到2000年的28000亿元左右。实现了这个目标,人民的物质文化生活可以达到小康水平。十二大还对经济发展做出了分两步走的战略部署,即到1990年为第一步,是打基础的阶段,实现工农业年总产值翻一番,解决人民的温饱问题;剩下的10年为经济起飞阶段,在新的基础上使工农业年总产值再翻一番,人民生活达到小康水平。

党的十二大后,"翻两番"成了全国人民议论的热点。

从20世纪50年代的"超英赶美",到60年代"四个现代化",到80年代的"翻两番",中国的经济发展战略一步步落到了坚实的土地上。

邓小平1984年在国庆讲话中说:"党的十二大提出,到二〇〇〇年,我国的工农业年总产值,要比一九八〇年翻两番。最近几年的情况,表明这个宏伟目标是能够达到的。"

一直到退休的时候,"翻两番",依然是邓小平心心念念的大事。1989年9月4日,也就是邓小平给中共中央政治局写信请求辞去领导职务那天,他把中央负责人请到家里来谈话时,说了这样一句:"本世纪翻两番有没有可能?我希望活到那个时候,看到翻两番实现。"

1975年,邓小平访问法国时与记者会面,他说:现在是先生们的时间了。我和总统会谈的范围很广泛,完全无拘束,是很有成果的。

在场的记者问了一个出人意料的问题：如果美国要干预中法关系，你认为中国会怎样？

邓小平回答：如果美国干预，中国毫无办法，我管不了美国的事情。

外国记者以为，邓小平会使用"文化大革命"中惯常的高调的口号式语言来回答，但邓小平的表态，平实而坦率，干脆利索，不愿做无谓的纠缠，实在出乎他们的意料。其实他们还不知道，正是因为坦率和务实，中国的这位领导人常常是语出惊人。

1979年1月29日，邓小平在访美的一次晚宴上，遇到了一位叫雪莉的女演员。

这位美国姑娘对邓小平说：自己几年前到中国，在农村看到一位教授在种西红柿，问他做这件与自己专业无关的事情是不是一种损失。那个教授说，不是，和贫下中农在一起能学到好多东西。

邓小平听后严肃地指出："这位教授在撒谎。"

不知道那位女演员听了邓小平的话会做何感想，但可以肯定的是，在那个年代听到中国领导人能说出这样实话的并不多。

邓小平在国外如此，在国内仍然如此。

1959年，容国团获得了乒乓球世界冠军，邓小平对报纸上的某些宣传很不以为然，批评说：打乒乓球打赢了说是毛泽东思想胜利了，打输了呢？能说是毛泽东思想失败了吗？不能这样简单化、庸俗化。

1960年他在天津召开的中央工作会议上又说："现在的主要问题是把毛泽东思想用得庸俗了，什么东西都说成是毛泽东思想。例如，一个商店的营业额多一点就说是毛泽东思想发展了。""对待毛泽东思想是一个很严肃的原则性的问题，不要庸俗化，庸俗化对我们不利。"他强调说，在宣传毛泽东思想的时候，一定不要忘记了马克思列宁主义这个最根本的东西。毛泽东同志是我们党的集体领导的代表人，是我们党的领袖，他的地位和作用同一般集体领导成员是不同的，但是，切不可因此把毛泽东同志和党中央分开，应该把毛泽东同志看作是党的集体领导中的一个成员，把他在我们党里头的作用说得合乎实际。我们应该本着这种精神，去做好毛泽东思想的宣传工作。

在那个年代说出这样的话，没有对于实事求是的坚定执着的坚守，是不可能做到的。

邓小平不仅自己敢说真话，他还一直反对各种形式主义和假大空现象。

1978年他刚出来工作不久就说了这样一段话：现在，摆在我们各级党组织面前的事情，就是要鼓实劲，要切实解决问题，要踏踏实实地工作。一句话，就是要落在实处。追求表面文章，不讲实际效果、实际效率、实际速度、实际质量、实际成本的形式主义必须制止。说空话、说大话、说假话的恶习必须杜绝。

假大空的形式主义，常常导致人们的思想方法庸俗化。务实与求真，却是一对相生相伴的孪生婴儿。面对前进中的问题和曲折，邓小平从不回避和掩饰。他勇于反思和自我批评，在不断总结历史经验中拓展着新的思路。

1983年11月6日，他在会见澳大利亚共产党主席希尔时，谈到当年他参与的中苏论战："大论战我们发表了9篇文章，这些工作我都参加了，从现在的观点来看好多观点是不对的，我们的真正错误，是根据中国的经验和实践来论断和评价国际共运的是非，因此有的东西不符合唯物主义和辩证法的原则。"

1989年3月23日，他在会见乌干达总统穆塞韦尼时说，我们最近10年的发展是很好的，我们最大的失误是在教育方面，思想政治工作薄弱了，我们的教育发展不够，我们经过冷静考虑，认为这方面的失误比通货膨胀的问题更大。

1991年8月20日，他同几位中央负责同志谈话时说："我们现在不是人才多了，而是真正的人才没有很好地发现，发现了没有果断地起用。对每个人都会有不同的意见，不会完全一致。有缺点可以跟他谈清楚，要放手地用人。总的看，我们对使用人才的问题重视不够。"

1992年南方谈话中，他还这样反思自己的决策："回过头看，我的一个大失误就是搞四个经济特区时没有加上上海，要不然，现在长江三角洲，整个长江流域，乃至全国改革开放的局面，都会不一样。"

中国社会主义的探索历史，是一部在曲折中不断前进和发展的历史。既有凯歌行进的岁月，也有困顿、徘徊乃至挫折的时候。当历史的接力棒传递到邓小平手中，他深感时不我待，不改革没有出路，只有在强国林立和激烈竞争中杀出一条血路，才能把中国人民带进高度民主、富强和文明的未来。于是，他总结历史经验，发出了振聋发聩的时代强音——"不争论，大胆地试，大胆地闯。"

1987年3月3日，邓小平对来中国访问的美国国务卿舒尔茨说："国外有些人过去把我看作是改革派，把别人看作是保守派。我是改革派，不错；如果要说坚持四项基本原则是保守派，我又是保守派。所以比较正确地说，我是实事求是派。"

要一以贯之真正坚持实事求是，又该是何等艰难！

粉碎"四人帮"后，教条主义的束缚还在，还原实事求是这个朴素真理，也令许多人畏惧不前。一篇关于真理标准问题的文章,居然掀起了轩然大波。

邓小平在关键时刻旗帜鲜明地表了态。1978年秋天,他到东北视察工作,在行程中,他以最明确、最坚定的语言说道:

> 毛泽东思想的基本点就是实事求是,就是把马列主义的普遍原理同中国革命的具体实践相结合。毛泽东同志在延安为中央党校题了"实事求是"四个大字,毛泽东思想的精髓就是这四个字。毛泽东同志所以伟大,能把中国革命引导到胜利,归根到底,就是靠这个。马克思、列宁从来没有说过农村包围城市,这个原理在当时世界上还是没有的。但是毛泽东同志根据中国的具体条件指明了革命的具体道路,在军阀割据的时候,在敌人控制薄弱的地区,领导人民建立革命根据地,用农村包围城市,最后夺取了政权。列宁领导的布尔什维克党是在帝国主义世界的薄弱环节搞革命,我们也是在敌人控制薄弱的地区搞革命,这在原则上是相同的,但我们不是先搞城市,而是先搞农村,用农村包围城市。如果没有实事求是的基本思想,能提出和解决这样的问题吗?能把中国革命搞成功吗?

邓小平把毛泽东思想的精髓概括为"实事求是"。这是邓小平的题词

正是靠了"实事求是"这几个字,邓小平领导党和人民探索新的发展道路。

他从国家和民族的最高利益出发,毅然决然地把教条式的抽象原则争论放在一边,而让时间和实践来做出回答,证明一切。他称这是"一大发明"。这一发明,使中国过去的经济体制发生了一场深刻的根本性的变革。

党的十一届三中全会恢复了实事求是的思想路线,提出了改革的任务。也就在三中全会召开差不多同时,安徽凤阳县小岗村的18户农民,在一张既神圣又悲壮的实行大包干的契约上按下了自己的手印,拉开了中国农村改革的序幕。

对安徽农村出现的联产承包责任制探索,一开始就出现了争议。客气一点的,说这样做是"脱离群众""影响生产";不客气的,则指责搞"大包干"不得人心;还有人认为,搞大包干就是分田单干，在与安徽相邻的个别地方，就挂出标语说"大包干是走资本主义道路"。

安徽的省委书记万里是支持"大包干"的，但面对各种各样的议论，他感到了压力。1979年4月，中央召开工作会议，会场上表态支持"大包干"的省委书记是少数，有些人明确表示不赞成，更多的人采取的是观望态度。过了两个月，万里到北京出席五届全国人大二次会议，他决定向中央领导寻求支持。他先找了陈云，陈云说，对安徽的做法举双手赞成。然后他又找了邓小平，邓小平说："你就这么干下去，实事求是地干下去就行了。"

对于那些不赞成农村改革探索的地方领导，邓小平也没有要求他们立刻转弯子。他的态度是：不争论，不强迫，允许看，愿意干就干，干多少是多少。

只要先干起来，事实就会教育人们。而无休止的争论，却只能把时间白白耗掉。邓小平希望实践能够帮助那些认识还不到位的同志。后来的发展证明了邓小平此举的高明。农村联产承包责任制从少数地方起步，到三分之一的地方推行，再到三分之二的地方推行，最后全国都搞起来，总共花了3年的时间。事实是最好的教员，别的地方见到了成效，也就有了意愿和动力。实行的地方明显多打了粮食，农民生活很快得到改善，这比一万篇论战的文章还有说服力。

晚年邓小平曾经谦逊地说:"我们改革开放的成功,不是靠本本,而是靠实践,靠实事求是。农村搞家庭联产承包,这个发明权是农民的。农村改革中的好多东西,都是基层创造出来的,我们把它拿来加工提高作为全国的指导。实践是检验真理的唯一标准。"

与实事求是相生相伴的,是解放思想。要做到实事求是,就必须解放思想。也只有实事求是,才能够解放思想。远离刻舟求剑,拒绝固步自封,必须从实际出发,去解放思想。

在当时的历史背景下,只有思想解放了,我们才能正确地以马列主义、毛泽东思想为指导,解决过去遗留的问题,解决新出现的一系列问题,正确地改革同生产力迅速发展不相适应的生产关系和上层建筑,根据我国的实际情况,确定实现"四个现代化"的具体道路、方针、方法和措施。

在1978年12月中央工作会议闭幕会上,邓小平尖锐地批评了思想僵化,指出其危害性。他说:

> 思想不解放,思想僵化,很多的怪现象就产生了。
>
> 思想一僵化,条条、框框就多起来了。
>
> 思想一僵化,随风倒的现象就多起来了。不讲党性,不讲原则,说话做事看来头、看风向,满以为这样不会犯错误。其实随风倒本身就是一个违反共产党员党性的大错

误。独立思考，敢想、敢说、敢做，固然也难免犯错误，但那是错在明处，容易纠正。

思想一僵化，不从实际出发的本本主义也就严重起来了。书上没有的，文件上没有的，领导人没有讲过的，就不敢多说一句话，多做一件事，一切照抄照搬照转。把对上级负责和对人民负责对立起来。

不打破思想僵化，不大大解放干部和群众的思想，四个现代化就没有希望。

最后，邓小平得出的结论是：

一个党，一个国家，一个民族，如果一切从本本出发，思想僵化，迷信盛行，那它就不能前进，它的生机就停止了，就要亡党亡国。这是毛泽东同志在整风运动中反复讲过的。只有解放思想，坚持实事求是，一切从实际出发，理论联系实际，我们的社会主义现代化建设才能顺利进行，我们党的马列主义、毛泽东思想的理论也才能顺利发展。

邓小平喜欢用鲜花装点生活，在他家的院子里，常年栽种着牡丹、玉簪、月季、芍药，每个季节都有鲜花在开放。

据说，邓小平最喜欢的还是芍药花，喜欢的理由则是芍药花不但好看，更主要的是可以入药。

把美好的生活情趣与日常生活的需要联系在一起，表面看来，这是邓小平独特的审美视角。其实，这何尝不是他那务实本色的生动诠释呢！

四　风云胆识

> 我总是告诉我的同志们不要怕冒风险，胆子还要再大些。如果前怕狼后怕虎，就走不了路。
>
> 没有一股气呀、劲呀，就走不出一条好路，走不出一条新路。
>
> ——邓小平

习近平同志曾评价，开拓创新，是邓小平"一生最鲜明的领导风范"。

综观邓小平一生，他身上始终洋溢着一种革故鼎新、一往无前的勇气，一种善于创造性思维、善于打开新局面的锐气。

这种风范，与邓小平的军旅生涯有关。

1955年新中国第一次评定军衔时，在毛泽东的带动下，周恩来、刘少奇、邓小平等一些在军队里担任过高级领导职务的人，都表示不要军衔。

当时的四个野战军，第一野战军司令员兼政委彭德怀，第二野战军司令员刘伯承，第三野战军司令员兼政委陈毅，第四野战军司令员林彪、政委罗荣桓，都被授予了元帅军衔。邓小平作为第二野战军的政委，如果真的要授衔，以他的资历和战功，新中国应该又增加一个元帅了。

事实上，没有军衔的邓小平，一生中的大部分时光，却都同军队有着不解之缘。直到晚年，邓小平还说：我是一名老兵，我的专业是打仗。

"男儿何不带吴钩，收取关山五十州。"建功沙场，报效国家，这是无数热血男儿的梦想。在晚年成为中国共产党和中华人民共和国中央军事委员会主席的邓小平，无疑站在了军旅生涯的巅峰。

通向巅峰的路是从一个军校教官开始的。

1926年，22岁的邓小平结束了在苏联的学习，回国参加革命。他的第一个职务，就是冯玉祥创办的西安中山军事学校的政治处长。

1929年12月和次年2月，他先后领导发动百色起义和龙州起义，担任红七军、红八军政治委员和前敌委员会书记。25岁的邓小平成了独当一面的军队和根据地最高领导。

1931年夏，邓小平来到江西中央苏区，大约有两年的时间，他到地方工作，兼任过军分区政委。第一次被打倒后，他先后调任红军总政治部秘书长、总政治部机关报《红星》报主编。长征后期开始，先后调任红一军团政治部宣传部长。此后，他一直在军队任职。从八路军政治部副主任到一二九师政治委员，到中国人民解放军晋冀鲁豫野战军、中原野战军、第二野战军政治委员，西南军区政治委员。新中国成立后，他给人的印象似乎主要做党的工作，事实上，从1949年起，他就是中央军委委员，1954年又当选为中华人民共和国国防委员会副主席，1959年任中共中央军委常委。在中央军事委员会的组成人员当中，当时没有授军衔的只有毛泽东和邓小平两个人，这是比较突出的。

"文化大革命"开始后，他被免去党政军的所有领导职务。1973年复出后不久，他又重新出任中央军委委员，并参加军队的领导工作。1975年1月还担任了中央军委副主席和中国人民解放军总参谋长。1976年4月又被撤销一切职务，不过这一次没过多久，一年零三个月后，他的职务就恢复了。到1981年6月召开的中共十一届六中全会上，邓小平当选为中共中央军事委员会主席。1983年6月六届全国人大一次会议上，他当选为中华人民共和国中央军事委员会主席。

1989年邓小平退休前的最后一个领导职务就是中央军事委员会的主席。

从他1926年回国到1989年退休，在长达63年的岁月里，

1985年2月,年过八旬的邓小平依旧健步如飞,尽显老兵的气质和风采

邓小平没有军职的时间还不到10年。

长期的军旅生涯,在邓小平身上打下了深深的烙印。

他在会议上讲话,总是干脆利落,声音调门,富有穿透力,就像临战前的军事动员。

他平时走路,总是抬头挺胸,好似面对大军,运筹两军对垒的战局。

虽然没有穿军装,却绵里藏针,不怒自威,总是保持着老兵的气质和风采。

二野那些战功赫赫的将军们,对邓小平特有的军人风格有着深切的体会。

在他们的回忆中,很少说话的邓政委,干脆利索,深谙"慈不掌兵"的道理。

让这些南征北战的将领们最难忘怀的，是1946年的那个中秋节。部队接连打了几个胜仗后，中秋节这天接到命令去总部开会。各个纵队的司令员都很高兴，想着可以好好吃一顿月饼。赶到司令部，当他们兴奋地伸出手同首长握手时，邓小平却摆摆手，拒绝和他们握手，还严肃地说："今天开的是不握手的会。"

原来，把这些战将召来，是要整顿部队纪律。打了胜仗后，部队出现了骄傲自满的情绪，群众纪律露出了松懈的苗头，邓小平决心把问题消灭在萌芽状态。

会议从上午一直开到下午，野战军的首长都讲完了，那些司令员们谁也不吭声，心中还觉得委屈，打了大胜仗，不表扬，还要批评，心里不大自在。邓小平就不宣布散会。司令员们终于明白了，如果不做自我批评，这个会今天就散不了。他们相继发言，对部队存在的问题作了检讨，表示了改进的决心。听完了他们的发言，邓小平立即宣布：会议就开到这里，现在散会。

各部队随即进行了严格的检查和整顿。于是，历史就留下了这样一幕精彩的记录——战士在屋外露宿，旁边的房门上写着"老乡不在家，进门就犯法"几个字。当时的记者拍下的一张照片，如今保存在军事博物馆里。

在大别山区的黄冈市，老人们都还记得这样一件事。

1947年11月，二野在这里召集了一个总直属队军人大会，许多当地的百姓也被邀请来参加。在这次大会上，二野警卫团的一个副连长被判处死刑并立即执行。

部队进入大别山后，由于国民党的反动宣传，加上对解放军能不能站住脚跟的怀疑，许多群众不敢和解放军接触，部队的群众纪律又出现了松弛的现象。正在这个当口，这个副连长从一家店铺里抢了一捆花布和一捆粉条。事情暴露后，刘伯承、邓小平一致决定，必须执行此前规定的抢掠民财者枪毙的纪律。

有的同志认为，这个副连长有战功，犯的事情也不算大，能不能从轻发落？邓小平并不这样看，他说部队纪律松弛，实际上是政治危机的开始，决不能掉以轻心，必须严格执行纪律。

这件事很快传遍了大别山区，群众纷纷议论：这是当年真正的红军回来了。赢得了民心，部队很快就在大别山地区站稳了脚跟。

二野的战将，后来担任过国防部长的秦基伟，也领教过邓政委的严厉。郑州解放，秦基伟出任郑州警备司令。有一天晚上，他到剧院去听豫剧，没想到邓小平正好打电话找他，当然就没找到。战争时期离开岗位去听戏，又没有向上级报告，结果被全野战军通报批评。若干年后，秦司令写下了这个回忆。

战争年代是这样，建设时期同样如此。

1950年春天，解放了的大西南面临着严峻的考验。在这片辽阔的土地上，土匪横行，经济萧条，民心浮动。而要解决60万解放军、90万国民党起义投诚部队和50万旧行政企业单位职员的吃饭问题，征粮工作就成了重中之重。这年2月，川南行署的征粮任务只完成了十分之一。在西南局召开的剿匪征粮工作会议上，川南行署的领导却没有认识到这个问题的严重性。邓小平发了脾气，在全体大会上点名批评道："川南的粮食没有征上来，你李大章、彭涛、杜义德、郭影秋要负责。再完不成征粮任务，我要跟你们算账，算历史账，新账老账一起算，算总账！"这样严厉的批评，使川南的领导感到震惊和难以接受。当晚，邓小平又把他们叫到家里，一面吃饭，一面详细分析了形势，讲明了只有拿到粮食才能站住脚跟的道理，使川南领导的思想疙瘩得到了解脱。同时又考虑到川南土匪严重的现实，派了十五军前去协助剿匪和征粮。在川南党委和行署的努力下，到了8月份就全部完成了征粮任务。

在战争年代出现的"不握手会议"，在和平年代又出现过一次。

那是1975年3月的全国工业会议。不少省、市和自治区主管工业的书记听说邓小平要来，都非常激动。多年不见，又经历了"文化大革命"的风风雨雨，他们有太多的话要向老领导倾诉。邓小平进来了，几个书记走上前去，想和他握手叙旧，没想到，邓小平却摆了摆手，严肃地说："今天就不拉手了,因为工业形势不好。"这个独特的见面礼节让在场的人都面面相觑。

接着,邓小平表情严肃地谈到了工业方面特别是铁路方面存在的问题。邓小平的话,在听惯了形势大好、越来越好之类"文革"语言的书记们听来,真如醍醐灌顶。

邓小平在全国工业书记会上说道:"对于当前存在的问题,要有明确的政策。要从大局出发,解决问题不能拖。拖到哪一年呢?搞社会主义怎么能等呢?"

正是这个讲话,拉开了全国工业整顿的序幕。

熟悉邓小平的人知道,他吃饭很快,走路很快,说话也很快。这都是长期军旅生涯打下的烙印。

战士自有战士的性格。艰苦卓绝的斗争,血与火的考验,使邓小平始终怀抱执着的信念,保持永远向前的坚定品格。这也成为他在古稀之年开创一个崭新时代最强大的精神支撑。

回首一生,邓小平曾说:"如果从一九二二年算起,我在共产主义的旗帜下已经工作了六十多年。"的确,从在法国确立毕生的信念后,无论遇到什么样的挫折,他都没有过丝毫的动摇。

习近平同志是这样评价的:"七十多年的革命生涯中,无论个人处境如何艰难,无论革命道路如何坎坷,邓小平同志都坚信马克思主义的科学性和真理性，坚信社会主义、共产主义的光明前景。""面对革命战争的枪林弹雨，他浴血奋战、视死如归；面对新中国建设的艰难局面，他励精图治、百折不挠；面对'文化大革命'的十年内乱，他信念执着、从不消沉；面对国际国内政治风波，他冷静观察、从容应对。"

1957年春天，邓小平到清华大学作了一场形势报告。当时，一些青年人正在讨论"社会主义制度到底有没有优越性"的问题。邓小平对他们说："我们的事业是很年轻的，马克思到现在才百岁出头，俄国革命才40年，也就是才40岁，我国才7岁，年轻得很嘛！正因为年轻，经验不足，我们的制度还不是完善的。我们要坚持那些对的，纠正那些错的，补充那些不够的。""在共产主义运动中不出一点乱子是不可能的。但是不管出多少乱子，我们的事业总会向前发展！"

在全面开创社会主义现代化建设新局面的80年代中期，邓小平依然不忘提醒全党——

现在我还想提出一个新的要求，就是要学习马克思主义理论。过去我们党无论怎样弱小，无论遇到什么困难，一直有强大的战斗力，因为我们有马克思主义和共产主义信念。马克思主义理论从来不是教条，而是行动的指南。时代和任务不同了，要学习的新知识确实很多，这就更要求我们努力针对新的实际,掌握马克思主义基本理论,因为只有这样,才能提高我们运用它的基本原则基本方法,来积极探索解决新的政治经济社会文化基本问题的本领,把我们的事业和马克思主义理论本身推向前进。

在经历苏联解体、东欧剧变的关键时刻,1992年,88岁的邓小平在视察南方时再次表达了自己的信念。他说:"一些国家出现严重曲折,社会主义好像被削弱了,但人民经受锻炼,从中吸取教训,将促使社会主义向着更加健康的方向发展。因此,不要惊慌失措,不要认为马克思主义就消失了,没用了,失败了。哪有这回事!"

正是坚定的信念和崇高的理想,赋予了邓小平独特的胆识和鲜明的革命风格。这种品格,体现为顾全大局,勇挑重担,敢于斗争,敢于胜利的进取精神。

从邓小平的人生旅程中,我们不难发现一个有意思的现象。

从16岁远赴异国他乡开始,邓小平在他那个年龄就显示出了敢于独闯天下的禀赋。在革命岁月,他常常独当大任,作为一把手去开辟凶险难测的新局面。

1929年,他被派往完全陌生的广西开辟局面是如此。在抗战最艰难的岁月里,他曾经撑起中共北方局、华北根据地、八路军总部和一二九师党政军的大厦，也是如此。

在戎马倥偬的战争年代，邓小平多次被委以开辟新局面的重任，往往是命令一下，他一个人、一匹马，加上一个秘书、一个警卫员，就匆匆登程。风险是难以避免的，也不可能有时间来仔细权衡利弊得失，只能在实践中发现问题、解决问题，这时候，更需要的是勇气和果断。战机常常稍纵即逝，哪里容得了左顾右盼、犹豫不决。

从百色的惊雷，太行的霞光，中原的风雨，江淮的浪潮，一直到西南的黎明，邓小平走出了一条又一条充满风险的新路，开创了一个又一个的新局面。

当然，最能显示他的勇气和胆略的，还是在解放战争中千里跃进大别山的壮举。

1947年，国民党在全面进攻失败后，转而对陕北解放区和山东解放区进行重点进攻。一时间，这两个解放区风狂雨骤，黑云压城。

二野虽然不是敌人的重点进攻目标，却处在两大战略区的中间。如果把敌人的部署比作扁担的两端，二野正处在这条扁担的中间，它要承担的任务，就是把这副扁担挑起来，把两边的敌人都吸引过来，以迟滞敌人对陕北和山东的重点进攻。

1947年夏天，毛泽东给刘伯承和邓小平发了一个绝密电报，电报上的四个大写的A字，表明这份电报十万火急而又高度机密。电报上说：陕北情况甚为困难。

是啊，以彭德怀的两万多军队，迎战胡宗南的二十多万精锐，在陕北转战的毛泽东和党中央，确实身处险境，面临危局。

中央给刘、邓的要求，就是以最快的速度，向国民党统治的后方进军，威胁武汉、南京，拖住敌人，以减轻陕北和山东的压力。

接到电报，刘、邓没有丝毫犹豫，当即回电表示，下决心不要后方，直出大别山，将在半个月内行动。毛泽东收到邓小平、刘伯承的电报后，万分高兴，马上复电称赞道："刘、邓决心完全正确！"

十几万大军要在如此短的时间里做好千里行军的一切准备，困难是空前严重的。大别山区位于国民党统治的心脏地带，没有根据地作依托，没有群众基础，没有后方，部队战士大多是北方人，不习惯南方的饮食、水网、山地和阴雨，吃饭、走路、睡觉都成了问题。伤病员得不到及时医治，全面抗战八年辛辛苦苦积攒的火炮和车辆不得不忍痛抛弃，还有强大的对手在前阻后追。

没有抱怨，没有讨价还价，没有软磨硬泡，大家明确了自己的任务后，悄无声息地只用了不到十天的时间，就做好出发的准备。

狭路相逢勇者胜,将军南征胆气豪。经过21天的急行军,二野从鲁西南出发,转战千里,终于渡过了淮河,进入了大别山区,直插中原腹地。十多万大军如一根锐利的箭头,牢牢扎进了国民党统治区的腹地,一下子吸引了29个旅的敌军围了上来,由此缓解了陕北和山东两个解放区的军事压力。

42年后,邓小平和当年的战友们谈起这段往事,依然感慨万千:"往南一下就走一千里,下这个决心,真了不起,……整个解放战争最困难的是挑这个担子,是挑的重担啊。"

革命和战争,从来拒绝平庸。

毛泽东深知刘邓大军此行的凶险,他甚至说:你们只要走到大别山就是胜利。走到大别山,不容易;站稳脚,更为艰难。此番战略挺进,付出很大代价,是确切无疑的,但结果会怎样呢?毛泽东的估计是:付出了代价站不住脚,准备回来;付出了代价站不稳脚,在大别山周围坚持打游击;付出了代价站稳了脚。言下之意,孤军深入,出现这三种可能的前途,中央都是有心理准备的。

邓小平对毛泽东的战略期待,心领神会。他说:"大别山的斗争不决定于消灭好多敌人,而决定于能不能站住脚。这是毛主席的战略决策。"

到了大别山,没有根据地,没有补给,在敌人重兵围困中生存,实在艰难。刘伯承率一部人马跳出大别山到外面去寻机作战，邓小平率一部分人在大别山里坚守吸敌。东西两边的陈毅、粟裕部队和陈赓、谢富治部队，要过来支援，邓小平发电表示："我们认为，陈粟、陈谢对大别山的支援，不宜急躁，应作较长期的打算。"

什么是较长期的打算？邓小平对部下说："我们在大别山背重些……陈粟、陈谢能大量歼敌……对全局则极有利。""我们背的敌人越多，我们啃的'骨头'越硬，兄弟部队在各大战场上消灭敌人就越多，胜利也就越大。"

结果是，刘邓大军实现了挺进大别山这一战略设想中最好的一种前途。邓小平晚年回忆："我一个，先念一个，李达一个，带着几百人不到一千人的前方指挥所留在大别山，指挥其他几个纵队，方针就是避战，一切为了站稳脚。……这样搞了两个月，我们向中央军委、毛主席报告，大别山站稳了，实现了战略任务。"

于是，转战陕北的毛泽东，在1947年12月的杨家沟中央会议上，豪迈地宣称："中国人民的革命战争，现在已经达到了一个转折点。""这是一个历史的转折点，这是蒋介石的二十年反革命统治由发展到消灭的转折点。"

毛泽东还说：我在大别山各兵团没有站住脚，我们不敢开这个会，我也不敢讲这个话，不敢写这篇文章，不敢讲伟大的转折点，蒋介石可以打倒。这篇文章要等一年半载才再写。

因为中原的部队站住了脚,胜利靠得住,现在我们要开会分析、估计,大胆地写文章,向全国人民号召,准备在几年内取得全国的胜利。

创造性地贯彻和实现中央的战略意图,是战略区域和战略部队的负责人最需要的胆识和格局。

曾和邓小平共事多年的刘伯承,在担任南京军事学院院长的时候,曾向副院长张震提出一个问题:"你看,小平同志没有上过军事学校,为什么打仗决心那么正确?"张震想了想,回答说:"可能是小平同志了解上级的意图、当前的敌情和自己的部队吧?"刘伯承表示同意,并补充说:"关键在于小平同志在实践中掌握了军事辩证法,因此善于根据实际情况做出决断,这是最重要的。"

这种根据实际情况,敢于决断,敢于拍板的闯劲,在建设社会主义的探索中,邓小平发挥得淋漓尽致。从枪林弹雨、血雨腥风中走出来的统帅,从不怕为捍卫真理和人民利益而得罪什么人。

1961年春天,他到北京顺义考察工作。顺义县是农业大县,号称北京的粮仓。这个粮仓在1959年和1960年却连续两年产量下降,人民生活也出现了困难。邓小平来这里,就想听听基层干部群众的意见,摸清楚粮食减产的真实原因。通过连续召开座谈会，邓小平感到，减产的最大原因是农民的生产积极性没有发挥出来，根源在于公社体制过于追求"大"和"公"，违背了价值规律和按劳分配原则，尤其是"公共食堂"，占用劳力，也浪费粮食。但在"反对公共食堂就是反对三面红旗、就是反对社会主义"的舆论环境下，农民只能在心里表示不满，不敢公开反对。

邓小平了解到农民的真实心态后，当即对农村的公共食堂明确表示了这样的态度：吃食堂是社会主义，不吃食堂也是社会主义。以前不管是中央哪个文件上说的，都要根据群众的意愿，决定食堂的去留。

这个态度几乎在一夜之间传遍了全县，没过多久，全县的公共食堂就基本解散了。

"文革"后期，第二次复出的邓小平，在经历多年的人生低谷后，依然保持着战争年代养成的锐气，对各项工作进行全面整顿。那些在"文革"中呼风唤雨、靠造反起家的人极力抵制，摆出一副老虎屁股摸不得的架势。邓小平毫不含糊地表示："管你是谁，60岁的老虎屁股也好，40岁的老虎屁股也好，二三十岁的老虎屁股也好，都得摸。"首战徐州铁路分局，一批闹派性的头头被抓的抓、撤的撤，仅仅用了12天，徐州铁路分局的面貌就焕然一新。

大刀阔斧的决断，不断创新的追求，难免要触及一些人的利益。而对这道既是政治选择，又涉人生利害的考题，邓小平又是怎样作答的呢？他说：我这个人是维吾尔姑娘的头发——辫子多，我不怕别人抓辫子。他还说："有的人怕字当头，不敢办事，不敢讲话，怕讲错了挨批。共产党员为什么怕？为什么不敢讲话？为什么不敢负责任？"

在整顿中，他反复告诉人们：实现四个现代化，"我们赌了咒，发了誓，要干这么一件伟大的工作，这真正够得上是雄心壮志"。他鼓舞地方的同志："只要你们大胆工作，错了我们负责。大字报一万张都不怕。凡继续闹派性的坚决调开。不这样不可能把事情办成。你们回去传达时，就说这个话是我讲的。不外乎打倒，打倒就打倒我。"他还说："现在问题相当多，要解决，没有一股劲不行。要敢字当头，横下一条心。"

正是靠了这样的无私无畏，邓小平才在1975年的中国，导演了一出大刀阔斧搞整顿，精彩纷呈、高潮迭起的好戏，让人民从艰难中看到了希望。

改革开放初期，邓小平当选为军委主席后，在中央政治局扩大会议上，等大家都发言后，他却说了这样一段话："你们不是选我做军委主席吗？我的第一个命令就是削减军费。大家有意见没有？没有意见就散会。"

这就是邓小平的风格。

搞现代化，在他的心目中，是发了誓的雄心壮志，是他坚定执着的不变信念,必须憋着一股劲,横下一条心,大胆探索,去做,去干,去闯——

> 干革命、搞建设,都要有一批勇于思考、勇于探索、勇于创新的闯将。没有这样一大批闯将,我们就无法摆脱贫穷落后的状况,就无法赶上更谈不到超过国际先进水平。我们希望各级党委和每个党支部,都来鼓励支持党员和群众勇于思考,勇于探索,勇于创新,都来做促进群众解放思想,开动脑筋的工作。

开创整个社会主义现代化建设的新路,靠的就是这样的风云胆识。

1979年4月,中央在北京召开工作会议。百废待兴的中国,呼唤着新思路和大手笔。主政广东的习仲勋向邓小平汇报,希望发挥广东毗邻港澳、华侨众多的优势,给他们下放一点权力,允许他们在对外经济活动中多一点自主权,允许在个别地方建立出口加工区。

邓小平听了他的汇报和设想,说:"可以划出一块地方,叫做特区。过去陕甘宁就是特区嘛。中央没有钱,你们自己去搞,杀出一条血路来。"

"杀出一条血路"!也只有从战火硝烟中走来的老军人,

1979年3月30日，邓小平在中共中央召开的理论工作务虚会上发表讲话，强调在中国实现四个现代化，必须在思想政治上坚持四项基本原则

才可能感受到开拓改革开放的新局面，将面临什么样的阻力和艰难局面。

"杀出一条血路"！这句话该挟带着多么鲜明的现实冲击力。它仿佛告诉人们，中国的现代化建设，只有尽快走出固步自封的老路，才能赢得充满生机的活路。

"杀出一条血路"！这也是一个带着悲壮感的决断。

创办特区，何止是没有钱？没有的东西太多了，没有经验，没有项目，没有专门人才，甚至没有可供前来施工的建设者居住的宿舍。

创办特区虽然不像当年跃进大别山那样要付出巨大的生命代价，却同样是阻力重重，困难重重。

今天，当我们看到深圳这座流光溢彩的繁华都市，看到深圳市民们神采飞扬的匆匆脚步,我们怎能不从心底钦佩那位在74岁高龄时拍板决策的老人呢?

"不要拖延""不宜拖延""不能拖延",这样的话一而再、再而三地出现在邓小平的文件批示中,我们看到的是一个期待自己的国家和民族尽快走向富强的老人那颗急迫跳动的心。

邓小平决策果断,说话也从不拖泥带水。

"文革"中他复出主持军队工作,开宗明义:"军队要整顿。"

粉碎"四人帮"后,他还没有恢复工作,就旗帜鲜明地表态:"两个'凡是'不符合马克思主义。"

他概括新时期党和国家的任务:"一心一意搞建设。"

当1989年的政治风波平息,全国人民急切地期待知道今后的路怎样走时,邓小平说:十三大的政治报告,一个字都不能动。

当改革开放的进程遇到了困难时,他说:思想更解放一点,胆子更大一点,步子更快一点。

这是简洁朴素的语言,这是耐人深思的语言,这是充满力量的语言。

决策果断不等于蛮干。在果断决策的后面,有实事求是的思想路线和唯物辩证的思想方法作支撑。

有时候,他已经看到和想到的事情,当时机或人们的认识还不成熟时,他也不急于行事。这也是从实际出发的另一种表现。

1979年,邓小平在会见外国客人时,提出了"社会主义可以搞市场经济"这一石破天惊的话题。

当时来华访问的客人问:"我看到中国人民的积极性正在被调动起来,是很了不起的,但是不是可能在将来某个时候,虽然中国仍是个社会主义国家,但在中国社会主义制度范围之内,在继续中国社会主义经济的同时,也发展某种形式的市场经济?"

邓小平答:"说市场经济只存在于资本主义社会,只有资本主义的市场经济,这肯定是不正确的。社会主义为什么不可以搞市场经济,这个不能说是资本主义。我们是计划经济为主,也结合市场经济,但这是社会主义的市场经济。虽然方法上基本上和资本主义社会的相似,但也有不同,是全民所有制之间的关系,当然也有同集体所有制之间的关系,也有同外国资本主义的关系,但是归根到底是社会主义的,是社会主义社会的。市场经济不能说只是资本主义的。市场经济,在封建社会时期就有了萌芽。社会主义也可以搞市场经济。同样地,学习资本主义国家的某些好东西,包括经营管理方法,也不等于实行资本主义。这是社会主义利用这种方法来发展社会生产力。把这当作方法,不会影响整个社会主义,不会重新回到资本主义。"

搞了几十年高度集中的计划经济，要向市场经济转变显然不是一朝一夕可以完成的。邓小平表现出了足够的耐心，他没有强迫别人接受自己的观点，而是不断说、反复说这个问题。20世纪80年代中期，他说："我们过去一直搞计划经济，但多年的实践证明，在某种意义上说，只搞计划经济会束缚生产力的发展。"1987年，他又说："计划和市场都是方法。它为社会主义服务，就是社会主义的，为资本主义服务，就是资本主义的。"1990年，他谈道："我们必须从理论上搞懂，资本主义与社会主义的区分不在于是计划还是市场这样的问题。社会主义也有市场经济，资本主义也有计划控制。""不要以为搞点市场经济就是资本主义道路，没有那么回事。"1992年，他再次谈道："计划多一点还是市场多一点，不是社会主义与资本主义的本质区别。计划经济不等于社会主义，资本主义也有计划；市场经济不等于资本主义，社会主义也有市场。计划和市场都是经济手段。"

显然，这当中隐含着的决策过程是：不断地说，就是不断地思考、观察和完善，也是不断地宣传、推动和逐步地实践。

正是因为在实践中，不断扩大市场在国家经济生活中的分量和地位，经过了13年的不断探索和反复试验，到1992年正式把建立社会主义市场经济确立为经济体制改革的目标，终于水到渠成，使建立和完善社会主义市场经济体制成为中国改革最为亮丽的一道风景。

从1978年开始的改革,被邓小平称为"第二次革命"。

正是靠了革命家的胆识和勇气,还有智慧和策略,邓小平带领人民闯过了一道又一道的改革难关。

他说:"没有胆量搞不成四个现代化。"

晚年回首这场革命的艰难进程,邓小平讲了一段脍炙人口的名言:"没有一点闯的精神,没有一点'冒'的精神,没有一股气呀、劲呀,就走不出一条好路,走不出一条新路,就干不出新的事业。不冒点风险,办什么事情都有百分之百的把握,万无一失,谁敢说这样的话?一开始就自以为是,认为百分之百正确,没么回事,我就从来没有那么认为。"

不怕风险,果断拍板,敢闯新路,是邓小平从自己长期奋斗生涯中得出的体会和总结,也是他一生性格的鲜明写照。

五 战略牌局

> 我们不搞政治游戏，不搞语言游戏。我个人爱好打桥牌，但中国在政治上不爱好打牌。
>
> 中国不打美国牌，也不打苏联牌，中国也不允许别人打中国牌。
>
> ——邓小平

1952年，邓小平路过四川内江，遇到了一位好朋友，教会了他打桥牌。

从此，和看足球一样，打桥牌成为他终身的业余爱好。尤其是在晚年，他把打桥牌当成向自己的智力和体力挑战的方式。

世界上不少重要的政治人物都喜欢打桥牌。

第二次世界大战中，英国首相丘吉尔在英军已经参战的情势下，没有放下打桥牌的爱好；欧洲盟军统帅艾森豪威尔在等待盟军在北非登陆消息的间隙，也不忘挤时间打一把桥牌。

五 战略牌局　99

晚年的邓小平仍旧坚持打桥牌，这已成为他终生的业余爱好

桥牌，是考验知己知彼的全局意识和能否密切配合的智力游戏。

邓小平打牌思维敏捷，计算准确。洗牌、发牌、叫牌、打牌、记分，每一步都特别认真，处理得果断、迅速，一派大将风度。

他的老搭档聂卫平说：他打牌守得紧、攻得狠、叫得准、打得稳，每一步都特别认真，处理得果断。无论领先还是落后，都很有风度，不愧为一位桥牌高手。

遇到有争议，他总要弄出个究竟。

有一次，到点该收牌了。女儿邓楠对他说："你刚才那张牌不该那么出。"他当时没吭气。第二天，大家一坐到台上，他就把头一天那副牌往桌上一摆，说："你们说，谁错，谁对？"看来，对女儿的批评，他很不服气。

邓小平常说："打牌要和高手打，输赢才有味道！"

他还常说："唯独打桥牌的时候，我才什么都不想，专注在牌上，头脑能充分地休息。"

他还说过："身体健康，大概是我喜欢游泳，特别是在海里游泳最好，我还行呢！至于脑力方面，打桥牌最好；你的脑筋是否迟钝，一打桥牌，马上就明白。"

有时候，打桥牌也是一种同世界对话沟通的语言。

1988年7月，中国桥牌协会聘请他担任中国桥牌协会荣誉主席。

1989年2月26日，世界桥牌联合会授予他"世界桥联荣誉金奖"，并做出决定：不能有两人同时拥有此项金奖。

1993年6月，世界桥牌协会向邓小平颁发了"主席最高荣誉奖"，以"感谢他多年来为中国及世界桥牌运动所做出的巨大贡献"。

这大概是邓小平生前获得的最后一项社会荣誉。

他曾经说：桥牌如同音乐一样是一种世界语言，理应成为中国同世界各国人民之间相互交流、理解与友谊的桥梁。

1989年，当世界桥牌联合会把第一枚荣誉金奖授予邓小平的时候，他成为全世界外交舞台关注的热点人物才不过14

个年头。

1974年4月,邓小平率中国政府代表团出席联合国大会特别会议。这是新中国第一次派出政府领导人参加联合国的会议,也是邓小平自1926年离开法国后第一次踏上西方国家的土地,还是他第一次代表中国政府登上世界上最大规模最高规格的外交舞台。

能够得到这样的机会,很不容易。对邓小平代表中国到国际舞台上"露脸",江青集团甚是反对,极力阻挠他出任代表团团长。直到毛泽东亲自写信给江青,警告她"邓小平同志出国是我的意见,你不要反对为好。小心谨慎,不要反对我的意见",他们才不得不同意了这个安排。

在准备参加大会的过程中,邓小平提议,要向国际社会传达我们国家对世界形势的最新看法,也就是毛泽东提出的"三个世界"划分的理论。

1973年6月22日,毛泽东在会见来访的马里国家元首时第一次用了"第三世界"的提法:"我们都叫做第三世界,就是叫做发展中国家。"1974年2月22日,他在会见赞比亚总统时,完整地阐述了"三个世界"的理论。但此时除了亲耳聆听过的几位外宾和外交系统的一些领导同志外,这个理论还鲜为人知。

1974年4月10日下午,邓小平面对着一百多个国家的代表,开始了自己的发言。

他全面阐述了毛泽东关于"三个世界"的划分理论,即现在的世界实际上存在着互相联系又互相矛盾着的三个世界,美国、苏联是第一世界;亚非拉发展中国家和其他地区的发展中国家,是第三世界;处于这两者之间的发达国家是第二世界。这个理论,代表了中国在上个世纪六七十年代对世界格局的基本论断。

邓小平还指出:中国是一个社会主义国家,也是一个发展中的国家。中国属于第三世界。中国政府和中国人民,一贯遵循毛主席的教导,坚决支持一切被压迫人民和被压迫民族争取和维护民族独立,发展民族经济,反对殖民主义、帝国主义、霸权主义的斗争,这是我们应尽的国际主义义务。中国现在不是,将来也不做超级大国。什么叫超级大国?超级大国就是到处对别国进行侵略、干涉、控制、颠覆和掠夺,谋求世界霸权的帝国主义国家。一个社会主义大国如果出现资本主义复辟,必然会变成超级大国。如果中国有朝一日变了颜色,变成一个超级大国,也在世界上称王称霸,到处欺负人家,侵略人家,剥削人家,那么,世界人民就应当给中国戴上一顶社会帝国主义的帽子,就应当揭露它,反对它,并且同中国人民一道,打倒它。

邓小平在联大第六届特别会议上发言后,许多国家的代表纷纷上前祝贺

当邓小平结束发言回到中国的席位时,许多发展中国家的代表纷纷涌过来表示祝贺,一双双热情友好的手,把中国与世界联在了一起。毛泽东关于"三个世界"划分的理论,经过邓小平的阐述和传播,产生了长久而深刻的国际影响。

在出席联合国会议的10天时间里,每一天邓小平都是在忙碌中度过的。会议期间,邓小平会见了许多国家的政要,世界各国媒体对来自东方的这个小个子给予了格外关注,有的媒体评论说:"这个站在联合国讲台上的小个子的中国人,不仅代表着新中国的形象,还是周恩来总理的一个最好的代理人。"

频频来访的客人,意味着对中国,也是对邓小平在国际舞台上的认可与尊重。

在美国,还有一个插曲。美国国务卿基辛格开始时还不清楚邓小平的身份,以为是中国代表团的顾问。当两人共进了一次晚餐后,邓小平处理事情的果断能力以及对事物的洞察力给他留下了深刻印象。后来两人成了相知相敬的朋友。

的确,在参加这次联大特别会议之前,邓小平的主要国际活动经验是与社会主义阵营的交往,在全世界外交舞台上,他还是个新人。但这次会议后,邓小平作为重要的国际政治活动家已让世界瞩目。

一晃四年之后,作为中国的主要领导人,邓小平开始成为世界政治舞台上的主角。从他的身影里,世界读到了他在外交舞台上的从容和远见、智慧和胆识,也读到了整个中国的和平外交形象。

1978年秋天,邓小平访问日本。在记者俱乐部会见来自世界各地的四百多位记者的时候,一个日本记者提出了中国领土钓鱼岛的归属问题。这是一个棘手的问题,中国政府和日本政府的立场完全不同,而这次访问又是为了中日友好而来,如何才能充分表达中国的立场,又照顾到主人的面子?当时全场一下子变得特别安静,大家都屏住呼吸,看中国的这位领导人怎样应对这个场面。

邓小平从容答道:

> 我们叫钓鱼岛,这个名字就有叫法不同,这点双方确实有不同看法。这次谈《中日和平友好条约》的时候,我们双方也约定,不涉及。就中国人的智慧来说,也只能想

邓小平出席日本记者俱乐部主办的记者招待会,诙谐雄辩

出这样的办法。倒是有些人想在这些问题上挑一些刺,设点障碍阻止中日关系的发展。所以我们认为两国政府谈这些问题,避开是比较明智的。这样的问题摆一下不要紧,你摆十年也没关系,我们这代人智慧不够,这个问题谈不拢,我们下一代人总比我们聪明一些,总会找到一个大家都能接受的方式来解决这个问题。

在短短八天时间里,邓小平会见了日本的各界人士,被日本媒体称刮起了"邓小平旋风"。

邓小平抵达日本的第二天,日本的所有新闻媒体的主要版面都是邓小平来访的消息,被称为"清一色"了。日本的二百多家最大的企业商社分别在日本的大报上包下专版,刊登祝贺

《中日和平友好条约》生效和欢迎邓小平来访的广告。在经团联六大团体为邓小平举办的欢迎宴会上，出席人数达到了320人，超过了300人这一历史上的最高纪录。在大阪为他举办欢迎宴会前，还出现了许多企业毛遂自荐一定要参加的情况。一家外国通讯社在总结邓小平这次访问时评论说："邓在日本访问期间，扮演了一个中国超级推销员的角色，他以逗人的微笑和精力充沛的交谈不仅给人留下了深刻印象，而且为中国结交了新朋友。"

在日本掀起的旋风还在令人回味时，邓小平又踏上了美国的土地。

这天是1979年1月28日，按中国农历，正是大年初一。

一元复始，万象更新。中美之间正式建立了外交关系，踏上美国土地的邓小平，披带着中国社会万象更新的春天气息。

美国副总统蒙代尔和夫人、国务卿万斯和夫人等高级官员到机场欢迎邓小平。

他访美期间发表讲话说：

"中美关系正处在一个新的起点，世界形势也在经历着新的转折。中美两国是伟大的国家，中美两国人民是伟大的人民。两国人民的友好合作必将对世界形势的发展产生积极深远的影响。"

到达美国后的第一顿晚宴，是由美国总统国家安全事务助理布热津斯基招待的。为了办好这个宴会，主人已经忙了好几天，女主人亲自定菜单，亲自采购和烹制了具有浓郁美国特色的烤牛肉。布热津斯基本人则负责采购各种美酒，准备了满满一柜子。他想起中国人爱喝烈性酒，在宴会前又特意吩咐人再送些酒来。宴会的服务员是布热津斯基的三个孩子。宴会开始后，宾主频频举杯，席间笑声连连，气氛很是融洽。

突然，布热津斯基发表了一个"高见"：中国人和法国人有一个共同点，就是都认为自己的文明优于所有其他国家。

这个话题很难回答。如果赞同，从政治上是不利的，也不是事实；如果反驳，又不符合外交礼仪；如果什么也不说，宴会就冷了场，主人会感到尴尬。

邓小平微微一笑，接过话题说："我们可以这样说，在东亚，中国的饭菜最好；在欧洲，法国的饭菜最好。"

邓小平的回答出乎在场人们的意料，同时也赢得了举座赞成。

布热津斯基又说："卡特总统由于决定和中国的关系正常化，在国内碰到了一些政治上的困难。你在中国有没有遇到反对意见呢？"

邓小平答道："是的，有人反对。"

这个回答让在座的人感到迷惑：中国是一个高度集中领导的国家，中央决定的事情，还会有人反对？

1979年邓小平出访美国，是中华人民共和国成立后中国领导人第一次对美国的访问。这是邓小平和美国总统卡特在白宫阳台上

邓小平微笑着解释：在中国的一个省，台湾，有些人就表示反对。

在同卡特会谈时，邓小平问：你们国会有没有通过决议说，会谈时不能抽烟？卡特说：我们家乡佐治亚州生产很多烟叶。我鼓励大家抽烟。邓小平接过话头说：我服从。他说着从口袋里掏出香烟点燃抽了起来。开朗、坦率的风格，使西方世界感受到了中国政府领导人的新形象。

邓小平和卡特进行了三次会谈，会谈内容广泛。喜欢记日记的卡特在自己的日记里写下他对邓小平的印象："我们计划进行三次工作会议，并决定双方首先谈谈各自对世界事务的分析。邓要求我先谈。……邓身材矮小,坐在内阁会议室的一把大椅子上,几乎看不到他这个人了。他在出神地听我讲话。他接二连三地吸着卷烟,一对明亮的眼眸常常东转西看。当译员把我的话译给他听时,他时而发出笑声,时而对其他中国人员频频点头。"

会谈是"坦率、诚恳、亲切而和谐的,极其有益和有建设性"。当然,也有交锋。在一次会谈中,卡特提出了中国限制出国的问题,邓小平不动声色地说:如果你要我送1000万人到美国来,那我是十分乐意的。之后,卡特再也没有提起所谓迁徙自由的问题。

随兴而出的机敏和见识,展示出邓小平在世界舞台上从容大度、成算在胸的形象。他的访美,使中国关于国际事务和中美关系的立场以有效的方式直接为美国公众所了解,这使卡特深感羡慕。

后来,他在竞选连任失败后到中国访问时,对邓小平说:你在美国人的心中是个英雄的形象,如果你做我的竞选伙伴,我肯定能连任成功。

从1977年到1979年,短短的两年时间,中国与西方主要大国的关系有了实质性的进展,与广大发展中国家的关系更加密切。

邓小平不仅善于通过加强与各国首脑的往来促进中国与

世界的联系，他还善于利用国际舆论阐发中国在一系列国际国内问题上的立场。他是一位真正把外交事务当作一门艺术来驾驭的领袖。

1980年8月21日和23日，邓小平在北京两次接受意大利记者法拉奇的采访，时间长达4个钟头。法拉奇的问题提得尖锐，邓小平的回答更是精彩。采访全文在《华盛顿邮报》发表后，引起了巨大的反响。法拉奇自己也非常得意，认为这次采访是她一生中"独一无二、不会再有的经历"。她说在自己的采访对象中，"很少发现如此智慧、如此坦率和如此文雅的。邓小平是一位出类拔萃的人物，中国的领导人中有位邓小平是非常幸福的"。

会见与出访，不单是友好往来，更是认识的交流和观念的碰撞。正是在这种交流与碰撞中，好打桥牌的邓小平，对世界形势这副战略性的牌局变化，有了新的判断。

在一个不短的时期，中国的国际战略，建立在时刻面临着世界大战的危险这个认识基础上。

进入20世纪70年代，制约战争的力量越来越强。

邓小平敏锐地看到了世界政治格局的新变化，看到了这个变化给中国的现代化建设提供的机遇。

1978年9月，邓小平率领中国党政代表团赴朝鲜参加朝鲜国庆30周年庆祝活动。回国前一天,他同朝鲜劳动党中央总书记、朝鲜国家主席金日成谈到了战争与和平的问题。邓小平说:"我们希望22年不打仗,我们就可以实现四个现代化。"

从朝鲜回来3个月后,邓小平再次表达了争取和平的国际环境的可能性:

> 我们有信心,如果反霸权主义斗争搞得好,可以延缓战争的爆发,争取更长一点时间的和平。这是可能的,我们也正是这样努力的。不仅世界人民,我们自己也确确实实需要一个和平的环境。所以,我们的对外政策,就本国来说,是要寻求一个和平的环境来实现四个现代化。这不是假话,是真话。

20世纪80年代的开局是动荡的。苏联入侵阿富汗、美国针锋相对推出星球大战计划,两强争霸,全球不安。

1982年,中国与苏联的紧张关系出现了和缓的转机。

3月24日,苏联领导人勃列日涅夫发表了长篇谈话,在对中国进行语言攻击的同时,也明确承认了中国是社会主义国家,认同中国对台湾的主权。

邓小平立刻捕捉到了这个信息的价值。他打电话给外交部,指示要马上对勃列日涅夫的讲话做出反应。

只隔了一天，当时担任外交部新闻司司长的钱其琛就站在外交部主楼的门厅处，向数十位中外记者发表了只有三句话的简短声明。也是从这一次开始，中国外交部诞生了新闻发言人制度。

钱其琛代表外交部发表的声明，第二天在报上发表后，立刻引起世界媒体的广泛关注，由此为中苏关系正常化营造了契机。

戈尔巴乔夫上台不久，邓小平对来访的美国记者明确表达了这样的愿望：

> 如果戈尔巴乔夫在消除中苏间三大障碍，特别是在越南侵略柬埔寨问题上，走上扎扎实实的一步，我本人愿意跟他见面。我可以告诉你，我现在年龄不小了，过了82了。我老早就完成了出国访问的历史任务，我是决心不出国的了。但是如果消除了这个障碍，我愿意破例到苏联任何地方，同戈尔巴乔夫见面。我相信这样的见面对改善中苏关系，实现中苏国家关系正常化很有意义。

1989年，随着戈尔巴乔夫访华，中苏两国关系实现了正常化。在会见戈尔巴乔夫时，邓小平和他只握手，没有拥抱。这是邓小平特意确定的见面方式，意在表明，两国关系正常化，

五 战略牌局　　113

吸烟,是邓小平多少年来未曾改变的嗜好

并不是回到过去那种结盟关系,而是一种新型的平等关系。

邓小平的视野穿透了弥漫的烟雾,他更看重的是世界发展的大势和潮流。

对国际形势的新判断,直接影响着中国的内外政策。

抽烟,是邓小平的一大嗜好。

有人说,邓小平是中国"头号烟民",这主要是从其政治地位而言。

在思考重大问题时,他总爱夹着香烟。会见外宾时,他的话题有时也从抽烟开始。

1988年4月16日,会见菲律宾总统阿基诺夫人时,他首先礼貌地问:我抽烟啦?

阿基诺夫人答道:我不能对您说不能抽,因为我不是这个国家的领导人,但是在菲律宾,我们内阁开会,不许抽烟。

邓小平说:这次人大我违反了一个规定,我习惯地拿起一支烟来,就有一个代表递条子,提出批评,马上只好接受,没有办法。

弥漫的烟雾后面,是一双独特的眼睛和一个敏捷的大脑。

邓小平的国际战略思想日益明晰起来。在他看来,世界上真正大的问题,一个是和平问题,一个是发展问题。和平问题是东西问题,发展问题是南北问题,概括起来就是"东西南北"四个字。而核心则是南北问题。

纷繁复杂如一团乱麻的世界形势,被邓小平一概括,竟是这么简单。

对当今世界主题的战略判断,直接为中国的内外政策带来了两个转变。

第一个转变,是对战争与和平问题的认识。过去一直认为战争是不可避免的,而且迫在眉睫;现在转变为,在较长时间内不发生大规模的战争是有可能的,维护世界和平是有希望的。第二个转变是对外政策。过去针对苏联的霸权主义威胁,我国实行的是从日本到欧洲一直到美国的"一条线战略",现在转变为独立自主的外交路线和对外政策。

1985年6月,邓小平在中央军委扩大会议上,对这两个转变进行了总结,他说:"现在看来,这两个变化是正确的,对我们是有益的，我们要坚持下去。只要坚持这样的判断和这样的政策，我们就能放胆地一心一意地好好地搞我们的四个现代化建设。"

正是因为有了这样的战略认识，才有了裁军百万的惊人之举。

早在1975年，邓小平就深深感到军队存在着"肿、散、骄、奢、惰"的问题，并着手进行了整顿。整顿由于众所周知的原因没能完成。在准备打仗的思想指导下，要进行彻底地整顿也确实不现实。现在，既然具备了维护世界和平的有利条件，就要抓住机会，彻底解决军队存在的问题。

1981年的秋天，就在中国人民解放军在华北举行了建国以来最大规模的军事演习的时候，世界几个大国的军队建设已经走在了前面。当时，苏联军队的官兵比例是1∶4.56，美国1∶6.15，联邦德国1∶10，法国1∶17，而中国的官兵比例却是1∶2.45，平均一个军官只领导两个半兵。中国军队的总员额比苏联多，相当于美国的两倍。

邓小平观看了演习并检阅了参演部队。自从20世纪50年代到国务院工作后，邓小平已经很少穿军装了。那天，他特意换上了一身新军装。

演习是成功的。但是，邓小平看得更远。

他的结论是：要适应现代条件下的战斗任务，军队建设必须走一条具有中国特色的精兵之路，它决定着军队在未来反侵略战争中怎样才能打得赢的问题。

1984年10月1日，中国在北京举行了庆祝中华人民共和国成立35周年的盛大典礼，同时举行了自1959年以来第一次大型阅兵活动。威武雄壮的队伍引起了国际上的议论，全国人民、全体中华儿女都感到无比自豪。

但是，这支部队的统帅，头脑却分外清醒。

阅兵结束一个多月后，中央军委在北京召开一个座谈会，参加会议的是11个大军区的司令员、政委，各军种、兵种的主官。邓小平出席了座谈会并讲了话。

他一开头就说："从哪里讲起呢？从这次国庆阅兵讲起吧。我不是讲这次阅兵如何，这次阅兵是不错，国际国内反映都很好。最近有位国际友人讲，非常好。我说有个缺陷，就是80岁的人来检阅部队，本身就是个缺陷。"

邓小平讲了一个半小时。他谈了对国际形势、战争与和平的新判断，谈到了军队建设的指导思想，谈了部队的体制，谈了部队要"消肿"，要服从国家建设的大局等问题。

他警告说："如果真正打起仗来，像我们现在这种臃肿状态的高层领导机构，根本不可能搞好指挥。"

一个关于军队建设的重大决策酝酿成熟了。在1985年6月的中央军委扩大会议上,邓小平郑重宣布中国要裁军100万。

邓小平说:"我们下这样大的决心,把中国人民解放军的员额减少一百万,这是中国共产党、中国政府和中国人民有力量、有信心的表现。它表明,拥有十亿人口的中华人民共和国,愿意并且用自己的实际行动对维护世界和平作出贡献。"

邓小平还分析道:"大家很关心军队的建设,关心军队装备的现代化,这个问题也涉及大局。四个现代化,其中就有一个国防现代化。如果不搞国防现代化,那岂不是只有三个现代化了?但是,四化总得有先有后。军队装备真正现代化,只有国民经济建立了比较好的基础才有可能。所以,我们要忍耐几年。我看,到本世纪末我们肯定会超过翻两番的目标,到那个时候我们的经济力量强了,就可以拿出比较多的钱来更新装备。……先把经济搞上去,一切都好办。现在就是要硬着头皮把经济搞上去,就这么一个大局,一切都要服从这个大局。"

1985年成了中国的裁军年。中央军委所属的总部机关,人员精简了将近一半。

原有的11个大军区合并为7个。以原二野老部队为基础的昆明军区也在撤销之列。邓小平的公正使精减工作的阻力大大减少。

裁减军队员额100万,是中国对世界和平的巨大贡献。部队的战斗力并没有因此受到削弱,相反,甩掉了包袱,有了更好地提高战斗力的条件。国家可以集中更多的财力，军队服从了国家建设的大局，走上了有中国特色的精兵之路。

原来，"裁军"，是为了"精兵"。数量的减少是为了质量的提升，对国防和军队建设来说，不是削弱，而是增强。

20世纪80年代末90年代初，世界局势发生了深刻变化，东欧剧变、苏联解体，给社会主义的中国带来了巨大的压力。

以美国为首的西方几个发达国家，对中国进行所谓制裁，一时间，黑云压城。

邓小平看重与发达国家的友好合作关系，但他更看重国家的独立、主权、尊严和安全。他曾经说过："中国人民珍惜同其他国家和人民的友谊和合作，更加珍惜自己经过长期奋斗得来的独立自主权利。任何外国不要指望中国做他们的附庸，不要指望中国会吞下损害我国利益的苦果。"

他绝不会拿原则做交易。

面对如此严峻的国际形势，邓小平指出："别人的事我们管不了，只讲一个道理：中国的社会主义是变不了的。中国肯定要沿着自己选择的社会主义道路走到底。谁也压不垮我们。"

利用会见国际友人的机会，邓小平反复强调了中国的立场。

邓小平晚年提出对外关系的指导方针时，提出三个词："冷静观察"（左图），"稳住阵脚"（中图），"沉着应付"（右图）

他说："中国人吓不倒。"

他说："我们的人民不会怕，我们的子孙也不会怕。"

他说："世界上最不怕孤立、最不怕封锁、最不怕制裁的就是中国。建国以后，我们处于被孤立、被封锁、被制裁的地位有几十年之久。但归根到底，没有损害我们多少。为什么？因为中国块头这么大，人口这么多，中国共产党有志气，中国人民有志气。"

1991年5月，外交部门的一位领导同志向邓小平汇报中美关系的现状和发展趋势，强调美国依然坚持对中国进行无理的制裁。邓小平听后，言简意赅地说：稳坐钓鱼台，沉着应付，满不在乎，力争不断地发展。解铃还须系铃人，美国要采取主动。制裁吓不倒我们。关键是抓住时机发展自己。

他坚信："中国人民既然有能力站起来，就一定有能力永远屹立于世界民族之林。"

喜欢打桥牌的邓小平，多次借桥牌谈政治。

邓小平曾经同来访的联合国秘书长德奎利亚尔说过这样一句话："我们不搞政治游戏，不搞语言游戏。我个人爱好打桥牌，但中国在政治上不爱好打牌。"他对来访的巴西总统菲格雷多说：中国不打美国牌，也不打苏联牌，中国也不允许别人打中国牌。

他还对荷兰首相吕贝尔斯说过类似的话。

打别人的牌，实际上是在国际关系中玩弄政治游戏，这样做，既不正义，也不可靠，更不诚实。中国能够在国际政治舞台上扮演重要的不可替代的角色，依靠的是独立自主的和平外交政策，依靠的是坚持原则、主持正义的国际信誉，依靠的是自己在改革开放中积累起来的国家综合实力。

走好自己的路，办好自己的事，沉着应付国际风云的变化，正是这个方针，引导中国度过了改革开放经历的一段困难的岁月。中国不仅在严峻的考验中站住了脚跟，而且作为负责任的世界大国赢得国际社会的尊重，傲然屹立于世界民族之林。

这是邓小平留给后人的又一笔宝贵财富。

六　大道行歌

> 我知道什么是现代化了。
>
> 总的来说,这条道路叫作建设有中国特色的社会主义。我们相信,这条道路是可行的,是走对了。
>
> 中国不走这条路,就没有别的路可走。
>
> ——邓小平

在长期的政治磨砺和军事生涯中,邓小平养成了两个习惯:一个是喜欢查字典,一个是喜欢看地图。

遇到不清楚的词句,他总是要在字典里把它查个清清楚楚。高明的政治家,总要有把握世事演变趋势的精明和执着。

不论走到哪里,邓小平经常要看看地图,以确定自己所在的位置。高明的军事家,总需要洞悉部队周边的地形,才能做到进退有据,明确自己的前进方向。

在邓小平的字典里,"人民"永远是一个无比重要的字眼。

他常常说的话是"人民高兴不高兴""人民满意不满意""人民赞成不赞成""人民答应不答应""人民拥护不拥护"。

中国古代的哲人说：政之所行，在顺民心；政之所废，在逆民心。

或许，在邓小平凝看世界这幅大图的时候，他要弄清楚我们的国家、我们的人民，在世界发展中到底处在一个什么样的位置。用今天的话来说，这叫历史方位。

1978年的中国，实现历史性的转折，恰恰是从邓小平谈论人民的愿望、中国的历史方位开始的。

他视察东北的时候，曾痛心地对人说："我们太穷了，太落后了，老实说对不起人民。我们的人民太好了。外国人议论，中国人究竟还能忍受多久，是很值得我们注意的。"

在此后的多种场合和会议上，邓小平都表达了这样一种心情。

他说："不搞现代化，科学技术水平不提高，社会生产力不发达，国家的实力得不到加强，人民的物质文化生活得不到改善，那么我们的社会主义制度和经济制度就不能充分巩固。"

然而，在当时的中国，多数人并不认为我们在世界发展的潮流面前落伍了。在辽宁省1978年编的一本小学英语教科书里，叙述一个伦敦小女孩在20世纪70年代，依旧像19世纪狄更斯笔下那样生活着。当邓小平看到英国的一家报纸报道这件事后，立刻批示说："此类材料，在英国会成为笑话。这是编者和出版社对外国无知的反映。"

承认落后，是邓小平当时一心要告诉人们的一个重要信息。他说："我们要承认落后，不要怕丑。最近我跟外国人谈话都是讲这些话。有些外国朋友觉得惊奇，这有什么惊奇？承认落后就有希望，道理很简单，起码有个好的愿望。"

承认落后需要勇气，而改变落后却需要智慧，需要见识，需要紧跟世界发展趋势的宏观视野。

在16岁那年就漂洋过海到法兰西勤工俭学的邓小平，恰恰具备了这样的视野。在"文化大革命"中，当"四人帮"为"万吨轮"大造舆论时，他很不以为然地说："吹什么牛！40年前我到法国去留学时，坐的就是万吨级的外国邮船。"的确，青年时代的邓小平，亲身感受到了西方国家当时的工业发展水平。

建国之初，他在大西南主持修建新中国的第一条铁路——成渝铁路。在接下来的建设岁月里，他主管过新中国的工业建设。50年代，东欧的一些国家相继在中国举办工业展览，虽然这些国家并不是世界上工业最发达的，但却超过了中国工业的发展水平。这样的工业展览，有时设在古老的太庙院子里，邓小平总是去看，看得是那么仔细，那么专注。

他还三次到大庆视察，主持起草了著名的《国营工业企业管理条例》。西南、西北三线企业的建设，更是他深情关注的地方。

这样的经历，使邓小平对现代化，对工业文明，有相对更具体的了解和认识。

1978年秋天，出访朝鲜回来的路上，邓小平来到东北三省视察工作。他走一路，说一路。

辽宁省委和本溪市委的领导向他汇报了本溪的发展情况，在谈到本溪的工业时，辽宁省委的一位领导说："本溪搞得还是不错的。"

邓小平说："我知道，你们还是比较好的。在国内你们不错，在国外与发达国家比，你们还是落后的。""过去，我们对国外的很多事情不知道，也不可能知道，知道还有罪嘛，崇洋媚外嘛。我们应当去看看人家是怎样搞的。"

在大庆，他说：我们要大量吸收国外的资金、新的技术、新的设备。令人担心的是我们的体制现在已经不适应这项工作，不适应现代化建设，总的来说上层建筑不适应新的需求。我们必须懂得这一点。他举例说：武钢一米七轧机，是西德、日本的最新技术，现在搁在那儿不会用，迫使我们要留一点外国技术人员，包括技术工人。

到了吉林，邓小平提醒大家：现在全世界100多个国家中，我们的国民平均收入名列倒数二十几名，算贫困的国家之一。就是在第三世界，我们也是贫困的一部分。生产力发展的速度比资本主义慢，那就没有优越性，这是最大的政治。

中国政府在1978年4月派出了以副总理谷牧为团长的代表团出访西欧五国，这是新中国政府成立30年来第一次向西方发达国家派出政府经济代表团。此行的目的只有一个，就是考察西方经济发展的状况。

出访前，邓小平专门在北京饭店接见了代表团，并叮嘱说："要广泛接触，详细调查，深入研究些问题。""对的看，错的也看，赶快拿过来。"

6月下旬，代表团回来后他又仔细听取了汇报，并指出，一定要下决心引进外资搞建设，要尽快争取时间。急迫的心情溢于言表。

随后，邓小平也走出国门，连续访问了当时最发达的两个现代化国家——日本和美国。在国外，他最大的兴趣是参观发达国家的先进企业。不难想象，这些国家当时的现代化水平，该使他多么地心潮难平。

在日产汽车的车体工厂里，他参观了自动化程度达到96%的流水线，了解到这里的工人劳动生产率比中国的"一汽"高了将近一倍，感慨地说："我知道什么是现代化了。"

他说：现代化，50年代一个样，60年代一个样，70年代又一个样。中国同发达国家相比，经济上的差距可能是20年、

30年，有的方面甚至是50年。

这些思考和感慨，不经意间浓缩到了邓小平乘坐日本新干线高速列车时与翻译的一段对话中。

邓小平：那是农民的宿舍吧？

翻译：普通市民的房子。怎么样，乘新干线以后有什么想法？

邓小平：就感觉到快，有催人跑的意思，所以我们现在更合适了，坐这个车。我们现在正适合坐这样的车。

"就感觉到快，有催人跑的意思"，再清楚不过地传达出中国追赶世界先进潮流的急迫心情。

正是从1978年邓小平谈论他的这个感受开始，中国调整了自己的政治路线和历史方位，在中国共产党十一届三中全会上，确立了以经济建设为中心，实行改革开放的重大政策。

搞了多年的"以阶级斗争为纲"，要走出历史的阴影，需要黄钟大吕般的声音。

邓小平在历史转折关头，发出了这样的声音。

1978年12月13日，他在中央工作会议闭幕会上说：

1978年10月，邓小平乘坐新干线特快列车时向日本记者说："很快，就像风一样快。新干线催着我们跑，我们现在很需要跑。"

如果现在再不实行改革，我们的现代化事业和社会主义事业就会被葬送。

实现四个现代化是一场深刻的伟大的革命。在这场伟大的革命中，我们是在不断地解决新的矛盾中前进的。

1979年3月30日，在党的理论工作务虚会上的讲话中，他进一步强调：

我们当前以及今后相当长一个历史时期的主要任务是什么？一句话，就是搞现代化建设。能否实现四个现代化，决定着我们国家的命运、民族的命运。在中国的现实条件下,搞好社会主义的四个现代化,就是坚持马克思主义,就是高举毛泽东思想伟大旗帜。你不抓住四个现代化,不从这个实际出发,就是脱离马克思主义,就是空谈马克思主义。社会主义现代化建设是我们当前最大的政治,因为它代表着人民的最大的利益、最根本的利益。现在,每一个党员、团员,每一个爱国的公民,都必须在党和政府的统一领导下,克服一切困难,千方百计地为实现四个现代化贡献出一切力量。

中国式的现代化建设,从此成为了中国"最大的政治",而且是一场"伟大的革命"。这样的表述,可见其在邓小平心头无以复加的历史分量。

为此,邓小平下定了这样的决心:"必须一天也不耽误","要横下心来,一切围绕着这件事,不受任何干扰。就是爆发大规模战争,打仗以后也要继续干,或者重新干"。

中国,开始踏上通过改革开放解放和发展社会生产力的新长征之路。

晚年的邓小平,以自己不多的余年,领导人民为中国的未来开辟了一条通衢大道。

1986年9月2日,邓小平接受了美国哥伦比亚广播公司《60分钟》节目主持人迈克·华莱士的采访。

当这位美国记者问起邓小平每天工作多少时间的时候，邓小平回答说：两个钟头。记者以为自己听错了，竖起两个手指头又问了一遍。当他确信自己没有听错时，不禁大为惊讶。

难怪记者惊讶，领导这样一个大国，开辟一个新的历史时期，每天该有多少事务要处理，两个钟头怎么能够用呢？

当然，这位外国记者还不了解邓小平。工作的时间是两个小时，思考的时间是多少呢？邓小平说："几十年了，一直在繁忙的工作中，就是后来事情管得不多了，脑子里也放不下问题，总在活动。"

邓小平的脑子里，经常思考的是什么呢？他说：自己主要是想大事。

在邓小平看来，中国在20世纪80年代要做的主要是三件大事：第一件事是在国际事务中反对霸权主义，维护世界和平。第二件事是解决台湾问题，实现祖国统一。第三件事是要加紧经济建设，就是加紧四个现代化建设。而三件事的核心是现代化建设。

抓住这些大事，邓小平决心为中国、为社会主义找到一条新的道路。

什么是社会主义，怎样建设社会主义，在很长的时间里，许多社会主义国家的领导者们，并没有完全搞清楚。

大道之行，路在何方？邓小平1982年在党的十二大上说出了他所思考的一件最大的事情：

> 把马克思主义的普遍真理同我国的具体实际结合起来，走自己的道路，建设有中国特色的社会主义，这就是我们总结长期历史经验得出的基本结论。

1984年6月，经过观察，邓小平一锤定音："总的来说，这条道路叫作建设有中国特色的社会主义道路。我们相信，这条道路是可行的，是走对了。"

从此，邓小平开辟的这条新路，有了一个响亮的名字，叫"中国特色社会主义"！

小成靠技，靠算；大成则谋于道，立于德。中国特色社会主义，是中国人民的共同理想，是大德，是大道。

为了获得这个结论，邓小平和中国共产党人一道探索了几十年。

近代以来，多少仁人志士流尽热血，抛却头颅，苦苦探索着中华民族摆脱苦难，走向复兴的道路。一百多年的奋斗在1949年结出了胜利的果实，中国人民获得了政治上的解放和自主，站立起来了。

中国还是个穷国，是个弱国。用毛泽东的话来说，叫"一穷二白"。为了中国能尽快改变落后的面貌，人们急于让一张白纸变成五彩缤纷的图画，取得了成绩，也付出了代价。结果欲速则不达，使中国的现代化建设经历了不小的曲折。

1959年，邓小平在一次打台球时不慎摔成了股骨折。为了恢复腿的功能，他每天坚持散步。这个习惯，一直保持到晚年。

无论走到哪里，他常常在住地散步。

在自家的小院，他始终沿着小路的外圈开始走，不偷懒，不取巧，不抄近道。他家的院子一圈有188米，他每天固定要走18圈。有时工作人员走糊涂了，就问他："到底几圈了？"他会准确地说出现在是第几圈。见到年轻人抄近路走内圈，他又会警告："不许偷工减料。"

散步是锻炼，也是休息，对邓小平这样的政治家来说，也是一种思考的方式。

落后了一个多世纪的中国，民族复兴的大业是多么急迫，复兴的远景又是多么令人神往，而复兴的道路却又是那样地艰难。

怎样才能走出一条既积极进取又踏实稳妥的现代化之路呢？

1979年12月6日，邓小平会见了来访的日本首相大平正芳。交谈中，大平正芳提出了一个问题：中国将来是什么样的情况？整个现代化的蓝图是如何构思的？

邓小平沉默了一会儿，回答说："我们要实现的四个现代化，是中国式的四个现代化。我们的四个现代化的概念，不是像你们那样的现代化的概念，而是'小康之家'。"

历史永远记住了这个让人惊叹不已的沉默，这个让人惊叹不已的回答。"小康"和"中国式的现代化"，这两个既具有中国传统烙印而又饱含时代特征，并影响中国至今的概念，在这一刻应运而生了。

"小康"，是实现"中国式的现代化"的一个阶段性目标。

按照邓小平的设想，所谓小康就是不富，但日子好过。国民生产总值达到人均1000美元，就算是个小康水平。他自己说，这个回答当然不准确，但也不是随便说的。

为了印证他的这个设想，邓小平到基层去了解情况，听取反映。

1983年的春天，他视察了长江三角洲的苏州、杭州和上海，走了一路，看了一路，也算了一路。

中国是个农业大国，基本国情是人口多、底子薄，农村能不能发展起来，农民能不能达到小康，是中国能不能实现小康的关键。

在苏州，当地的同志告诉他，这里的人均工农业总产值已经超过了800美元。邓小平问：达到这样的水平，社会上是一个什么面貌？发展前景是什么样子？

江苏的负责干部介绍说：达到800美元，人民的物质文化生活的变化主要表现在六个方面：一是人民吃、穿、用的问题解决了，物质生活在一个较高的水平上有了保障。二是住房问题解决了，人均居住面积达到20平方米。三是就业问题解决了，农、副、工业三业协调发展，人人得到妥善安排，本地劳动力不外流，相反开始吸收外地劳动力做工务农。四是教育、文化等事业经费有了保障，中小学教育得到了普及，各种文化设施及其他社会福利事业普遍建立起来。五是人民的精神面貌显著变化，观念更新，旧俗收敛，新风光大，犯罪活动减少，社会治安明显好转。六是一批初步繁荣富裕、文明昌盛、安定祥和的社会主义新农村已经和正在不断涌现出来。

邓小平听得非常仔细，几乎每一条都熟记在心里。

随后他来到杭州，反复问的还是奔小康的问题。

他详细了解当地的各种发展数字，在心里默默地算账，算现有基础、算发展速度、算未来前景。市场物资的丰富，农村新房子的增多，人民喜悦的笑脸，给他增添了无比的信心。

回到北京，他约请了几位中央负责人，兴奋地谈起了这次南行的见闻，苏州地方干部向他汇报的六大变化，他一条不差地背了出来。

1984年，他又去了一次南方，这次去的是深圳，是他亲

1984年1月，邓小平在深圳经济特区走访渔民新村

自提议兴办起来的经济特区。在这里看到的景象更令他高兴。改革开放不过几年的工夫，南方的这个小渔村，已经超过了小康。

他在深圳河畔的一个小渔村同当地的渔民聊起来。渔村的党支部书记告诉他，改革开放以来，他们利用与香港一河之隔的优越地理条件，大力发展养鱼业、运输业和来料加工业，1983年人均收入2800多元，家家都是万元户，家家盖起了楼房。

邓小平为了验证这个数字的真实性，特意到一户渔民家里参观。漂亮气派的楼房、精致的装修、品种齐全的家用电器，处处显示着主人的富裕幸福。邓小平问收入怎么样？主人告诉他,每月收入四五百元,邓小平高兴地说:比我的工资还高啊。

他回到北京,忍不住与人分享喜悦的心情,特意向邓颖超推荐,让她也去看一看。

虽然沿海的情况令他兴奋,但他依旧保持着应有的冷静。他对当时的中央领导交代,到本世纪末实现翻两番,达到小康,要有全盘的更具体的规划,各个省、自治区、直辖市也都要有具体的规划,落后的地区如何搞法,也要做到心中有数。

翻两番、奔小康的目标确定后,邓小平开始思考更长远的发展战略。

1984年5月29日,他在会见巴西总统菲格雷多时,谈到中国在本世纪末翻两番的基础上,"再发展三十年到五十年,我们就可以接近发达国家的水平"。

这个意思,他在会见参加中外经济合作问题讨论会代表时讲过,在中顾委第三次全体会议上讲过,在会见坦桑尼亚总统姆维尼时讲过。

1987年4月30日,邓小平会见西班牙政府副首相格拉,更具有特殊的意义。在这次谈话中,邓小平第一次完整地提出了从20世纪80年代到21世纪中期中国的奋斗目标和三步走发展战略。

他说:"我们原定的目标是,第一步在八十年代翻一番。

以一九八〇年为基数,当时国民生产总值人均只有二百五十美元,翻一番,达到五百美元。第二步是到本世纪末,再翻一番,人均达到一千美元。实现这个目标意味着我们进入小康社会,把贫困的中国变成小康的中国。那时国民生产总值超过一万亿美元,虽然人均数还很低,但是国家的力量有很大增加。我们制定的目标更重要的还是第三步,在下世纪用三十年到五十年再翻两番,大体上达到人均四千美元。做到这一步,中国就达到中等发达的水平。这是我们的雄心壮志。目标不高,但做起来可不容易。"

邓小平说:这是我们的雄心壮志。我虽然活不到那个时候,但有责任提出那个时候的目标。

这个"三步走"发展战略,勾画了中国70年的进步蓝图。

近代以来,中国人第一次对自己的未来有如此清晰具体、如此自信从容的设计。

中国人把发展放在重中之重的位置,放在了第一位的位置。用邓小平的话说,就是发展是硬道理。

这个道理有多硬?

在集中体现邓小平理论的三卷《邓小平文选》中,"发展"一词出现了1066次;尤其是第三卷,383页正文中,竟有558次提到了"发展"。

从此,赶路的中国,乘上了时代的快速列车。

1990年，中国提前完成了第一步的战略目标。

1999年，中国提前完成了第二步的战略目标。

2003年，中国实现了人均国民生产总值超过1000美元的大关。

当然，随着时代的进步发展，我们只是宣布达到总体小康，但还不是全面小康。沉稳的中国，不断深化、丰富和拓展小康的内涵，小康的水平，小康的质量，小康的覆盖领域。一直到2021年，中国人均国民生产总值超过一万美元的时候，才正式宣布全面建成小康社会。

展现在中国人民面前的，是从没有过的通衢大道。

从中国人民心底涌动的，是慷慨激昂的时代壮歌。

这条道路的灯塔，是邓小平领导党和人民点燃的；这曲壮歌的旋律，是邓小平领导党和人民谱写的。因为，他是中国社会主义改革开放和现代化建设的总设计师。

几十年来，在建设中国特色社会主义的通衢大道上，中国在各个领域取得的成就，凝聚着总设计师的心血。

为此，他感到无比欣慰，对中国特色社会主义这条道路，也格外自信。

早在1985年，邓小平就充满期待地表示："走这样的路，已经给我们带来了可喜的结果。中国不走这条路，就没有别的路可走。只有这条路才是通往富裕和繁荣之路。"

邓小平在自己生命的最后20年，根据人民的实践，第一次比较系统地初步回答了在中国这样经济文化比较落后的国家，怎样建设社会主义、怎样巩固和发展社会主义的一系列基本问题，实现了马克思主义中国化历史进程中新的飞跃。

这个飞跃的成果，被命名为邓小平理论。

一条道路，一种战略，一个理论，就这样让一位老人化作了永恒。

邓小平1984年来到珠海的时候，宾馆住地后面有一座小山。80岁的邓小平散步时，一口气登上了山顶。下山的时候，当地领导和身边警卫都希望沿原路返回，这样既好走又安全。邓小平却说：我不走回头路。他坚决地走了另一条没走过的而且有些艰难的路。

七　放眼谋事

要趁着我们在的时候解决这个问题。我们不在了，将来很难解决。

管大事的人，考虑任何问题都要着眼于长远，着眼于大局。

要从大局看问题，放眼世界，放眼未来，也放眼当前。

——邓小平

站在自家的院子里，邓小平总是显得气定神闲；
坐在辽阔天空的飞机上，邓小平常会久久地俯瞰；
望着蔚蓝的大海，邓小平心潮又该是何等的澎湃？
无论他走到哪里，他的脚步都是这样的踏实、沉稳。
他曾对外国友人说，要看古代的东西，中国可多了，不过只看到过去不行，还要看到现在，特别是想想未来。

1992年1月22日上午，邓小平来到深圳植物园参观。当他看到一棵不知名的树木时,就好奇地打听这是什么树。专家告诉他,这树在当地叫发财树。陪同他参观的女儿风趣地建议说:"以后咱们家也种一棵吧。"邓小平深情地答了一句:"让全国人民都种,让全国人民都发财。"

让全国人民都发财致富,这是邓小平最深切的未来情怀。

社会主义的本质是什么?中国社会的未来模样应该是怎样的?邓小平的回答是:解放生产力,发展生产力,消灭剥削,消除两极分化,最终达到共同富裕。

改革开放初期,为了解放和发展生产力,邓小平提出了允许有条件的一部分地区和一部分人先富起来的政策。

早在1978年,邓小平就萌发了这样的设想:"在经济政策上,我认为要允许一部分地区、一部分企业、一部分工人农民,由于辛勤努力成绩大而收入先多一些,生活先好起来。一部分人生活先好起来,就必然产生极大的示范力量,影响左邻右舍,带动其他地区、其他单位的人们向他们学习。这样,就会使整个国民经济不断地波浪式地向前发展,使全国各族人民都能比较快地富裕起来。"

在人口多、底子薄、各地发展水平很不平衡的国情下,这无疑是打破平均主义束缚,释放生产力发展的能量,尽快增强综合国力的有效选择。也可以说,这是一个影响和带动整个国民经济的大政策。

"万元户",一个很有历史感的名词,今天已经很少人提起了。

在20世纪80年代初,一个家庭一年的收入能够达到一万元,是先富裕起来的典型,是非常荣耀的事情。

今天没有人再提起它,是因为这个数字已经不能反映中国人今天的富裕程度。

有了允许一部分人先富起来这个政策,中国社会创造财富的源泉开始充分涌流。

有了让一部分有条件的地区先富起来的政策,中国东部沿海地区拥有了率先发展的辉煌。

但是,这还不是邓小平心目中未来中国的全部景象。

在他的设想中,沿海地区要加快对外开放,使这个拥有两亿人口的广大地区较快地发展起来,带动内地更好地发展。他说:这是一个事关大局的问题,内地要顾全这个大局。反过来,发展到一定的时候,又要求沿海拿出更多的力量来帮助内地发展,这也是个大局,那时沿海也要服从这个大局。

在《邓小平文选》里,有许多这样的假设:

> 如果走资本主义道路,可以使中国百分之几的人富裕起来,但是绝对解决不了百分之九十几的人生活富裕的问题。

如果我们的政策导致两极分化，我们就失败了。

风气如果坏下去，经济搞成功又有什么意义？会在另一方面变质，反过来影响整个经济变质，发展下去会形成贪污、盗窃、贿赂横行的世界。

如果走资本主义道路，可能在某些局部地区少数人更快地富起来，形成一个新的资产阶级，产生一批百万富翁，但顶多也不会达到人口的百分之一，而大量的人仍然摆脱不了贫穷，甚至连温饱问题都不可能解决。

中国要解决十亿人的贫困问题，十亿人的发展问题。如果搞资本主义，可能有少数人富裕起来，但大量的人会长期处于贫困状态，中国就会发生闹革命的问题。中国搞现代化，只能靠社会主义，不能靠资本主义。历史上有人想在中国搞资本主义，总是行不通。我们搞社会主义虽然犯过错误，但总的说来，改变了中国的面貌。

社会主义最大的优越性就是共同富裕，这是体现社会主义本质的一个东西。如果搞两极分化，情况就不同了，民族矛盾、区域间矛盾、阶级矛盾都会发展，相应地中央和地方的矛盾也会发展,就可能出乱子。

如果富的愈来愈富,穷的愈来愈穷,两极分化就会产生,而社会主义制度就应该而且能够避免两极分化。解决的办法之一,就是先富起来的地区多交点利税,支持贫困地区发展。

一个又一个的"如果",一遍又一遍地提醒,表明了这个问题在老人心中的特殊分量。

退休后的邓小平,最关心的事情就是共同富裕,在他看来,这是一个事关民族复兴的大局,也是中国现代化发展充满诱惑的未来。

邓小平甚至具体地提出了在农村实现共同富裕的途径。他说:"从长远的观点看,要有两个飞跃。第一个飞跃,是废除人民公社,实行家庭联产承包为主的责任制。这是一个很大的前进,要长期坚持不变。第二个飞跃,是适应科学种田和生产社会化的需要,发展适度规模经营,发展集体经济。这是又一个很大的前进,当然这是很长的过程。"

1990年,邓小平从政治高度提出了共同富裕的问题。他说:"共同致富,我们从改革一开始就讲,将来总有一天要成为中心课题。社会主义不是少数人富起来、大多数人穷,不是那个样子。社会主义最大的优越性就是共同富裕，这是体现社会主义本质的一个东西。"

在1992年视察南方的谈话中，邓小平又提出了解决共同富裕问题的时间安排。他说："什么时候突出地提出和解决这个问题，在什么基础上提出和解决这个问题，要研究。可以设想，在本世纪末达到小康水平的时候，就要突出地提出和解决这个问题。"

这年年底，他更明确地提出了研究分配问题的任务。

1992年12月18日《参考消息》上的一篇文章引起了邓小平的注意。文章认为，西方实行自由市场的自由派所面临的挑战，将不仅是显示资本主义比社会主义效率高，而且还要显示资本主义在分配上是公平合理的。

看到这篇文章，邓小平对身边的工作人员说道："中国发展到一定程度，一定要研究分配问题。如果仅仅是少数人富有，那就落到资本主义去了，要研究提出分配这个问题和它的意义。到本世纪末，就应该考虑这个问题了。"

议论完了，他让工作人员把他的话记下来，交给中央主要领导同志。正是根据邓小平的这个意见，中央专门成立了研究分配问题的工作班子。

设计未来的邓小平心里十分清楚，一代人有一代人的使命。未来的事业，只有靠下一代人去开拓、去完成。于是，晚年的邓小平说了这样一句话："我最后的作用，就是带头建立退休制度。"

1977年他第三次复出的时候，已是年过古稀的老人。1975年他主持整顿的时候，王洪文说过一句话，对他的刺激极为深刻。从1978年到1980年，在许多会议上他都谈到了这件事：

> 一九七五年我就想到过这个问题。那个时候毛主席要我来主持中央工作，王洪文就跑到上海去跟人说，十年后再看。当时我跟李先念同志谈过这个事情，十年后我们这些人变成什么样子了？从年龄上来说，我们斗不过他们呀。

那时候，刚过40岁的王洪文向超过古稀之年的邓小平下了战书：这个战书不是要和邓小平比治党治国的才干，而是要和邓小平比年龄。

单比年龄，邓小平当然比不过王洪文。老一辈革命家也都比不过王洪文。

党的干部队伍在"文革"结束后青黄不接的状况，使邓小平忧心忡忡。经常接到老战友去世的讣告，花圈有时一天要送几起。许多部门，开会的时候坐一大桌子，坚持干工作的却没有几个人。

几乎从复出开始，他就在思考着党的干部队伍的接班问题。

1979年夏天，邓小平下了黄山，到上海视察。

7月21日，他接见了上海市委全体常委和几位顾问。当时上海市委的常委有19人，而且多数年纪都比较大。

邓小平看了一圈，开门见山："大问题是接班人问题。任何地方任何部门都有这个问题。""老家伙要有意识地一让二帮，要注意任人唯贤，选真正好的，选那么一批人当权，准备接班。不能论资排辈。""讲解放思想，这是最大的解放思想。如果说，三中全会解决了思想路线问题，这次就是解决组织路线问题。"

当着大家的面，邓小平直言不讳地说：19个常委太多了，最好7个人左右。

离开上海，邓小平去了山东，来到青岛海军基地视察。在和海军的领导班子见面时，他特意一一问了他们的年龄。在座的年龄，仍然让他感到不安。

于是，又讲了这样一番话——

"现在摆在老同志面前的任务，就是要有意识地选拔年轻人，选一些年轻的身体好的同志来接班。要趁着我们在的时候解决这个问题。我们不在了,将来很难解决。"

"庙只有那么大,菩萨只能要那么多,老的不退出来,新的进不去,这是很简单的道理。因此,老同志要有意识地退让。要从大处着眼,小道理要服从大道理,不要一涉及到自己的具体问题就不通了。我们将来要建立退休制度。但是,最重要的还是选拔培养接班人。现在有些地方对选进领导班子的年轻人,还是论资排辈,发挥不了他们的作用。我们的人才是有的,关键是要解放思想,打破框框。只要我们敢于把他们提起来,让他们在其位,谋其政,经过一两年就能干起来了。"

这年冬天,他在中央召集的党政军机关副部长级以上干部会议上,再次提出了这样的告诫。

他说,老同志现在的责任很多,第一位的责任是什么?就是认真选拔好接班人。选得合格,选得好,我们就交了账了,这一辈子的事情就差不多了。其他的日常工作,是第二位、第三位、第四位、第五位、第六位的事情,第一位的事情是要认真选拔好接班人。

仅仅过了两个多月,在1980年中共中央召集的干部会议上,邓小平又谈到了干部的新老交替问题:

今天恐怕讲的是,对我们高级干部来说,不是那么很愉快的一些话。现在我们国家面临的一个危机,真正的危机,就是我们要搞四个现代化,没有一批年富力强的有专业知识的干部。这点我们要清醒地估计到,否则,我们搞四化只会变成喊口号的。老同志要让啊,要认真地选接班人,这是个百年大计,是我们的一个战略问题。要忧国忧民忧党啊!

针对一些同志的担心,他非常客观地谈了自己的想法:有些同志担心,年轻人经验不够,不能胜任。我看,这种担心是不必要的。经验够不够,只是比较而言。老实说,老干部对于现代化建设中的新问题,不是也没有什么经验,也要犯一些错误吗?一般说来,年轻人经验少一些,这是事实。但是,同志们回想一下,我们中间许多人当大干部、做大事,开始的时候还不是二三十岁?应该承认,现在一些中青年同志的知识,比我们那个时候并不少。

随着思考的深入,邓小平进一步提出了废除领导干部职务终身制、建立离退休制度的办法。

为了在高级干部中达成一致意见,党的十一届六中全会闭会后,中央特意把各省、自治区、直辖市的党委书记留下来,召开了关于加快干部年轻化的座谈会。

会议主题是传达陈云关于加快干部年轻化的意见,邓小平本来没打算在会上讲话,可是考虑到这个问题实在太大了,临

1982年9月1日,邓小平在中共十二大上致开幕词

时又讲了一大篇话。

他说:对陈云同志的建议,我不仅举双手赞成,而且双脚赞成。他一边说,一边还抬了抬自己的脚,惹得大家都笑起来。

在笑声中,邓小平的语气却严肃起来:我和陈云同志交过心的,老实说,就我们自己来说,现在叫我们退,我们实在是心里非常愉快的。我们两个人的主要任务是选拔中青年干部。

党的十二大在实现干部的新老交替上写下了浓墨重彩的篇章。

全会选举产生的348名中央委员和中央候补委员中,有211人是新当选的。其中包括了当时的电子工业部部长江泽民、水电部第一副部长李鹏、天津市委书记李瑞环等。最年轻的是39岁的胡锦涛,当时担任甘肃省建委的副主任。

这些新的中央委员和中央候补委员,许多人后来成为党和

1982年9月,邓小平在中共中央顾问委员会第一次全体会议上作重要讲话

国家的高级领导人。

也是在十二大上,一个新的机构中央顾问委员会产生了。这是中国共产党解决干部新老交替的一个创举,既促成了中央委员会的年轻化,又使退出第一线的老同志有一个继续发挥一定作用的舞台。这是在特殊历史背景下的特殊安排。

邓小平当选为中顾委的第一任主任。

在中顾委的第一次全会上,邓小平的表态也是毫不含糊:顾问委员会是一种过渡性质的组织形式。最根本的应该是建立退休制度。这个问题,世界上许多国家恐怕都比我们解决得好。我们干部老化的情况不说十分严重,至少有九分半严重。这个问题不解决,我们的国家、我们的党就缺乏活力。现在着手来解决,采取顾问委员会这种过渡的形式,比较合乎我们的实际情况,比较稳妥,比较顺当。应当说,这一次在解决新老交替问题上迈出了相当大的一步。可以设想,再经过10年,最多不要超过15年,取消这个顾问委员会。

在中央顾问委员会成立后的第一次会议,他就宣布两三届以后就要取消,这就是邓小平的风格,开宗明义,敲定了这个组织的过渡性质。用邓小平的话来说,是"尊重生活和历史的辩证法"。

顾问委员会的老同志,应当怎样做工作呢?在这个问题上,邓小平也不含糊:

> 我们都是老同志,说话开门见山。顾问委员会要注意的第一件事情,就是不要妨碍中央委员会的工作。我们老同志要自觉,我们都是老上级、老领导,牌子大、牌子硬啊,比中央委员会的成员牌子硬啊。以后中央委员会的成员越来越年轻,越来越是我们的后辈。我们的态度正确,对推动他们的工作,帮助他们的工作,很有好处。如果搞得不适当,也会带来不好的影响。不仅不要妨碍中央委员会的工作,包括中央政治局、书记处的工作,也不要妨碍下面各级的工作。比如我们的同志到哪个省去了解情况,我看不要随便发表意见,首先要认真调查研究,学习下面的实际经验。发现确实有需要解决的问题,也应该采取帮助省委或者帮助某个基层组织的办法,让他们自己去解

决。要注意起传帮带的作用，而不是去发号施令。我们这些老资格，讲话是有人听的，是有分量的，所以要慎重。我们从一开始就要注意这个问题。

1985年，中国共产党召开了全国代表会议，进一步实现了干部队伍的新老交替。到这一年，从中央到地方，全国有八万多名符合革命化、年轻化、知识化、专业化的干部走上了各级领导岗位。同时，一批德高望重的老同志主动从中央顾问委员会退了下来。

为了感谢这些老同志顾全大局、以党的事业为重的胸怀，1985年9月23日，邓小平等中央领导设宴招待了从中央顾问委员会离休的老同志。

席间，老同志们都表示了这样的态度：感谢中央的关怀，人退休了，但还是共产党员，还要关心党和国家的事业。

邓小平听了很高兴，连忙举起酒杯说："喝茅台，干杯！"

这是一杯意味深长的酒。据说，那天他一连喝了五杯。

不久，从不为个人题词的邓小平，为退下来的老同志谭启龙题写了这样几个字——"人间重晚晴"。

邓小平从不回避自己的年龄问题。因为中国共产党决策层在上个世纪80年代，确实面临着年龄过大这个严峻的现实。

在一次开会的间隙,邓小平、陈云、邓颖超在一起谈起了各自的年龄。他们都过了80岁了。

邓颖超:我们三个人同一年。

邓小平:同一年,你两个哪一个大?你比我大两个月?

邓颖超:我比你大四个月吧?

邓小平:四个月呀?我是8月。

邓颖超:你是8月啊?我是2月。

邓小平:2月?那大半年呢。你呢?

陈云:我6月。

邓小平:啊?6月?

陈云:6月。

邓小平:6月,他居中,那还是她大。

1984年在天安门广场举行的国庆阅兵和群众游行,成为邓小平时代的象征。在几个大学生打出"小平您好"的条幅,向他致意问候的时候,他在想着什么呢?

阅兵结束后,邓小平在表示满意的同时,也感到了一点遗憾。

他说:这次阅兵很好,有一个遗憾,就是由一个80岁的人来阅兵,这本身是个缺陷。

两年后的1986年,他对来访的美国记者迈克·华莱士再一次谈到了自己的退休问题。

迈克·华莱士:最后一个问题。您是中国的第一号领导人物,您准备在主要领导人和主要顾问的位子上再留多长时间?

邓小平:我提倡废除终身制,而且提倡建立退休制度。你也知道,我同意大利记者法拉奇谈话时说,我干到一九八五年就行了,现在超过一年了。我正在考虑什么时候退休。就我个人来说,我是希望早退休。但这个问题比较困难,在党内和人民当中很难说服。我相信,在我有生之年退休,对现行政策能继续下去比较有利,也符合我个人向来的信念。但这件事还要做更多的说服工作。最终我是一个共产党员,要服从党的决定。我是一个中华人民共和国的公民,要服从人民的意愿。我还是希望能够说服人民。

迈克·华莱士:您当时告诉法拉奇准备一九八五年退休,您准备对华莱士作什么表示呢?

邓小平:坦率地告诉你,我正在说服人们,我明年在党的十三大时就退下来。但到今天为止,遇到的是一片反对声。

由于邓小平在党和国家政治生活中的地位和作用，他尽早完全退休的愿望没有被全党接受。作为一个共产党员，他不能不服从党和国家的安排。但在邓小平的坚持下，他不再进入党的十三届中央委员会，只保留中央军委主席一职。

用他的话来说，这叫"半退"。

1988年，聂卫平在中日围棋擂台赛中力挽狂澜，被国家体委授予"棋圣"称号。第二天，他带着证书去见邓小平。邓小平仔细看了看证书，意味深长地说了一句："圣人不好当啊！"

聂卫平的体会是：小平同志借此告诉我，还是当普通老百姓好。

"圣人不好当"，沉淀了邓小平的人生经验，透露出他对个人与历史关系的清醒认识，也从一个侧面反映出他是怎样看待自己的。他晚年威望很高，但他始终提醒人们不要给他加人为的光环。1989年9月4日正式向中央请求退休那天，他对中央领导同志说过这样一些话："对我的评价，不要过分夸张，不要分量太重。""我很怕有这样的东西，名誉太高了是个负担。……拜托你们了。"

着眼未来，放眼谋事的邓小平认识到，一个国家的命运单纯建立在自己的声望上面，是有风险的。自己的分量太重的话，对国家和党不利。

风险在哪里呢？1988年9月5日，在会见捷克斯洛伐克总统胡萨克的时候，邓小平说——

> 十一届三中全会以后，大家希望我当总书记、国家主席，我都拒绝了。在党的十三大上，我和一些老同志退出了领导核心。这表明，中国的未来要靠新的领导集体。近十年来的成功也是集体搞成的。……很多外国记者要来采访我，搞我的什么传，我都婉拒了。我认为，过分夸大个人作用是不对的。人总是要死的。哪一天我不在了，好像中国就丢了灵魂，这种看法不好。

邓小平下决心在自己的有生之年，趁着头脑清醒的时候，完成退休的心愿。

1988年的春节，邓小平是在上海过的。

这是一个轻松的春节。他已经开始练习怎样过退休后的生活。在紧张忙碌的工作中过了六十多年，要一下子完全脱离工作，还真需要一个适应的过程。

到1989年5月，邓小平开始主持建立新的中央领导班子。他专门把当时的两位中央负责同志请到家里，语重心长地说："管大事的人，考虑任何问题都要着眼于长远，着眼于大局。""要从大局看问题，放眼世界，放眼未来，也放眼当前。"

他还感慨地说:"领导这么一个国家不容易呀!责任不同啊!"

这年6月,在党的十三届四中全会上,江泽民当选为中共中央总书记,党的第三代中央领导集体在邓小平主持下建立起来了。

邓小平决心抓住这个机会,完成自己多年的心愿。1989年6月,即将过85岁生日的邓小平,在家里与几位中央领导同志谈了自己的想法。

他说得那样平实,那样坦率,那样诚恳——

> 我过去多次讲,可能我最后的作用是带头建立退休制度。我已经慢慢练习如何过退休生活,工作了几十年,完全脱离总有个过程。下次党代表大会不搞顾问委员会了,还是搞退休制度。我退休的时间是不是就确定在五中全会。犹豫了这么几年了,已经耽误了。人老有老的长处,也有老的弱点。人一老,不知哪一天脑筋就不行了,体力到一定程度也要衰退。自然规律是不可改变的。

1989年夏秋,香港的一些猜测和传闻,印证了邓小平早就有的一个担心。

9月16日,他在会见李政道的时候,说了这样一件事:

"香港传说我被刺了,病危了,引起股票市场波动。这说明早退些好,希望在较短的时间里实现。我主要就是希望完全退下来。"

1989年11月13日,刚刚退休的邓小平在人民大会堂会见来访的外国客人时,郑重地宣布:"这将是我会见的最后一个正式的代表团,我想利用这个机会,正式向政治生涯告别。"

他还说:"退就要真退,这次我就要百分之百地退下来。我退下来也是想让党、政府、军队的领导人能够放手工作。我相信他们能够把工作做好。"

邓小平是1989年11月9日那天退休的。

在这之前的9月4日,他给中共中央政治局写了这样一封信——

> 党的十三届四中全会选出的以江泽民同志为首的领导核心,现已卓有成效地开展工作。经过慎重考虑,我想趁自己身体还健康的时候辞去现任职务,实现夙愿。这对党、国家和军队的事业是有益的。恳切希望中央批准我的请求。我也将向全国人民代表大会提出辞去国家军委主席的请求。
>
> 作为一个为共产主义事业和国家的独立、统一、建设、改革事业奋斗了几十年的老党员和老公民,我的生命

1989年9月4日,邓小平同中央负责同志谈论他退休的事情

是属于党、属于国家的。退下来以后,我将继续忠于党和国家的事业。我们党、我们国家和我们军队所取得的成就是几代人努力的结果。我们的改革开放事业刚刚起步,任重而道远,前进中还会遇到一些曲折。但我坚信,我们一定能够战胜各种困难,把先辈开创的事业一代代发扬光大。中国人民既然有能力站起来,就一定有能力永远屹然屹立于世界民族之林。

同一天,邓小平还把中央负责人请到家里来,作了这样的交代:"我退休的时间是不是就确定在五中全会。退的方式,越简单越好。我多次讲，一个国家的命运寄托在一两个人的威望上是很不正常的。而利用退休又来歌功颂德一番，也没有什么好处。退的方式要简化。"

1989年11月9日，北京飘起了入冬以来的第一场雪花。邓小平和往常一样起床，散步，看文件，午睡。下午起床后，他静静地等待着应该到来的消息。

这天下午3点，中共十三届五中全会将对邓小平辞职的请求进行表决。表决的结果一出来，他就驱车赶往人民大会堂，对与会者说：

一句话，感谢同志们的理解和支持，全会接受了我退休的请求。衷心地感谢全会，衷心地感谢同志们。

几天后，他又来到了中央军委扩大会议的会场。他告诉与会人员："我认为，确定以江泽民同志为核心的党中央，是我们全党做出的正确的选择"，"我虽然离开了军队，并且退休了，但是我还是关注我们党的事业，关注国家的事业，关注军队的前进，谢谢大家"。

正如邓小平当初所预计的那样，三年后，党的十四大决定，不再设立中央顾问委员会，代之以退休制度。

在国际共产主义运动中，社会主义国家的领导人，在身体

七 放眼谋事 161

1989年11月,邓小平与江泽民亲切握手

1989年11月9日,已获中央正式批准退休的邓小平回到家中,欣然阅读孙辈们送上的贺卡

健康、思维清晰、享有巨大威望的情况下,主动从领导职位上完全退下来,邓小平是第一个。

1989年11月9日那天,邓小平回到家里时,孙辈们已经为他准备好了庆贺仪式。一个大蛋糕,一张贺卡。

这是孩子们的真诚祝福。

八　永远年轻

为社会主义而奋斗的青年万岁。

面向现代化，面向世界，面向未来。

我是看新鲜，越新越好，越高越好，越高越新，我就越高兴。

——邓小平

邓小平退休那天，孙辈们送给他的贺卡上写着一行字："1922—1989—永远。"

1922，是他参加革命的年份；1989，是他退休的年份。

"永远"两个字，是孩子们最良好的祝愿——永远的战士，永远的革命者，永远年轻的老人。

于是，贺卡上也就这样写着："愿爷爷和我们一样永远年轻。"

就像一首老歌里唱的那样，"革命人永远是年轻"。

伟人不朽，哲人其恒，不仅是因为他的业绩，还因为他拥有永远面向未来的情怀。

在今天中国人的记忆里，邓小平始终是一位老人的模样。他以73岁的高龄，开辟一个时代，去为一个民族创造一个年轻的未来，这在中外历史上，是不曾有过的奇迹。

老人创造奇迹，必有奇迹般的胸怀。这胸怀，就是年轻。

邓小平年轻的胸怀来自何处？来自他坎坎坷坷的经历，来自他三落三起的传奇。正是在逆境中，他感受到中国最需要什么，他自己最应该具备什么样的心态。

于是，永远年轻的邓小平，敢说前人没有说过的话，敢做前人没有做过的事，敢走前人没有走过的路。

他从不为历史的包袱所累，善于以干脆而又巧妙的方式结束过去。卸下了历史的包袱，中国以从没有过的轻快步伐迈向未来。没有了历史的负担，我们就看到了从历史甬道中走出的新的时代、新的中国面貌和气象。

永远年轻的邓小平，和孩子们在一起的时候，总会有开心的笑容。

为了讨得孙子的开心，爷爷为他吹起了蒲公英。

孙女要和爷爷照相，她让爷爷牵着小猴子的一只手，自己牵着另一只。

不管是在国内视察，还是到国外访问，邓小平从不掩饰对

1987年5月,邓小平为孙子吹蒲公英

1984年8月,"四个朋友"(邓小平、两个孙女和玩具猴)在北戴河

孩子们的喜爱。

1979年访问美国，当他轻轻亲吻那些演唱中国歌曲的孩子们时，许多美国观众为之动容。

1983年2月，邓小平到杭州灵隐寺参观。他一下车，不少游客就认出了他，人群中爆发出了热烈的掌声和欢呼声。邓小平一面向人群招手，一面握着一双双热诚的手。当他看到有个小女孩在大人怀里拍着小巴掌时，就来到小孩前，摸着小家伙的脸问："叫什么名字？"家长是从南京来的游客，替孩子回答了名字。

第二天，邓小平到三潭印月，又碰到了这家人。80岁的老人，竟然一下子就叫出了小姑娘的名字，小姑娘也张开双臂扑到了邓小平怀里，邓小平抱起她说："来，跟爷爷亲亲。"小姑娘乖巧地亲了亲邓爷爷的脸，随行的《浙江日报》记者抓住了这个幸福的瞬间。

不久，报纸上就刊出了这张起名为《亲亲邓爷爷》的照片，机敏的记者使这幸福的瞬间化作了永恒。

永恒的是邓小平永远年轻的心态，是这位老人和孩子们心心相印的情怀。

因为孩子就是希望，孩子就是未来。邓小平总是想着未来，为中国带来希望。

邓小平喜欢足球，中国足球的落后使他非常牵挂，他对身边的工作人员议论说,足球要从娃娃抓起。

他说,教育是一个民族最根本的事业。知识不是立即就能抓得到的,人才也不是一天两天就能培养出来的,这就要抓教育,要从娃娃抓起。

他还说,计算机的普及要从娃娃抓起。

从娃娃抓起,就是让我们的事业,着眼于长远,着眼于千秋万代。

永远年轻,并不深奥,那是一种非常简单的人格气象,是始终面向未来,着眼于长远的一种责任,一种情怀,一种眼光,一种境界!

早在上个世纪那个火红的50年代,邓小平就发出了面向未来的时代声音。

邓小平在1954年全国青年社会主义建设积极分子代表大会上的讲话中说:

> 我代表中国共产党、中央委员会向全国青年社会主义建设积极分子大会,向正在成长起来的青年一代致热烈的祝贺。我们确信这一代青年决不会辜负党和人民的期望,一定能够无愧于伟大的中国人民革命事业的继承人,一定能够在社会主义建设事业中不断地取得新的成绩。为社会

主义而奋斗的青年万岁。

"青年万岁",那是凯歌行进的年代,那是青春激扬的年代,那是奉献和奋斗的年代,那是对未来充满憧憬的年代。

当中国从"文革"的阴影中走出来的时候,整整一代人已经告别了自己的青春,国家的人才土壤出现了巨大断层。

从"文革"中走出来的中国,问题堆积如山。邓小平说,要从问题堆里找长远的、根本解决问题的东西。

俗话说,十年树木,百年树人。1977年,邓小平第三次复出时抓的第一件事情,就是教育。在他的心目中,影响中国未来的长远大事,是人才的教育和培养。

1977年5月24日,邓小平还没有复出的时候,就告诉前来看望他的两位领导干部说:我出来是早晚的事,可能还是当大官。但我要先抓科学和教育。我们要实现现代化,关键是科学技术要上去,发展科学技术,不抓教育不行。靠空讲不能实现现代化,必须有知识,有人才。一定要在党内造成一种空气:尊重知识,尊重人才。

果然,邓小平复出后尽管身兼多项重任,却自告奋勇抓科技和教育工作。他甚至说:教育要狠狠地抓它一下,一直抓它十年八年的,我是要一直抓下去的。

他兑现了自己的承诺。

邓小平是在1977年7月21日闭幕的党的十届三中全会上复出工作的。7月23日、27日、29日，8月1日，他四次把教育科学部门的领导请到自己家里谈话。他开门见山地说："我主动提出协助华国锋主席、叶剑英副主席管教育，管科学……现在到20世纪末只有23年了，你们要大胆干，绝对不会打你们的棍子。科学技术人员，这些年接不上茬，十年啦。"

关于教育工作，他谈得很细很细。他说：要进口一批外国的自然科学教材，结合我们自己的实际编出新的教材，以后就拿新教材上课。要组织一个很强的班子编写大中小学教材。要抓一批重点大学，重点大学既是教育的中心，又是办科研的中心。高等学校的科学研究应纳入国家规划。清华、北大要恢复起来，要逐步培养研究生。教育部也要抓一批中小学重点学校，在北京就可以抓40所到50所。不能降低教师的待遇。要加强外语教学。

1977年8月4日，他恢复工作后主持召开的第一个会议，便是科学和教育工作座谈会。

30多位科学界和教育界的著名人士参加了座谈会。邓小平听取了大家的意见，自己也讲了话。一讲就讲了两个钟头。

他的讲话，依然是开门见山："这次召开科学和教育工作座谈会，主要是想听听大家的意见，向大家学习。外行管内行，总得要学才行。我自告奋勇管科教方面的工作，中央也同

1977年8月4日—8日,邓小平主持召开科学和教育工作座谈会,听取30多位著名科学家和教育工作者的意见。图为邓小平同与会同志合影

意了。我们国家要赶上世界先进水平,从何着手呢?我想,要从科学和教育着手。科学当然包括社会科学,虽然这次会议因为时间匆促没有邀请社会科学家。通过这次座谈会,我了解了一些情况,也开始了解了当前应该首先解决的一些问题。"

他提出:要珍视劳动,珍视人才,人才难得呀!要发挥知识分子的专长,用非所学不好。有人建议,对改了行的,如果有水平,有培养前途,可以设法收一批回来。这个意见是好的。"四人帮"创造了一个名词叫"臭老九"。"老九"并不坏,《智取威虎山》里的"老九"杨子荣是好人嘛!错就错在那个"臭"字上。毛泽东同志说,"老九"不能走。这就对了。知识分子的名誉要恢复。

对知识分子除了精神上的鼓励,还要采取其他一些鼓励措施,包括改善他们的物质待遇。教育工作者的待遇应当同科研人员相同。假如科研人员兼任教师,待遇还应当提高一点,因为付出的劳动更多嘛。

他说:

> 科学技术人才的培养,基础在教育。我们要全面地正确地执行党的教育方针,端正方向,真正搞好教育改革,使教育事业有一个大的发展,大的提高。教育事业,决不只是教育部门的事,各级党委要认真地作为大事来抓。各行各业都要来支持教育事业,大力兴办教育事业。

最后,通过讨论,邓小平做出一个果断决策:当年就恢复高考制度,不要再搞群众推荐,领导批准。他还说:从高中直接招生,我看可能是早出人才、早出成果的一个好办法。

他一刻也不愿耽误,中国也确实再耽误不起了。这时的美国有科研人员120多万,苏联有90多万,中国只有20多万,而且水平还参差不齐。有人说,同发达国家相比,中国的科技和教育,整整落后了20年。就是以只争朝夕的速度,还恐怕追赶不及呢。

1966年，由于"文化大革命"的影响，高校招生工作被迫推迟，随后停止招生达6年之久。1972年，高等学校开始恢复招收新生，但采取的是推荐选拔的办法，有的学生文化程度比较低，这给大学的教学带来了困难。

在讨论恢复高考制度的时候，有人提出来，当年进行高考恐怕时间来不及。邓小平拍板说，夏天来不及，那就冬天考试，明年春天入学。

新官上任，新意迭出。

恢复高考招生制度这个决定，在一夜之间，改变了数十万人的命运，更重要的是，改变了一代又一代青年人的人生追求和价值趋向。

由于时间紧迫，1977年的高考甚至连印刷考卷的纸张都来不及预备，又是邓小平批准，临时动用了准备印刷《毛泽东选集》第五卷的库存纸张。

1977年冬天，570万考生走进了考场，27.3万人得到了进入高等学校学习的机会。1978年，610万考生参加高考，录取40.2万人。

于是，在新中国的历史上出现了一批奇特的大学生，他们属于七七级，却是1978年3月才入学的。他们当中不少人过了而立之年，有的已经是拖家带口的父亲或母亲。

一张合影，记载了邓小平和恢复高考后第一批大学生邂逅

1979年7月，75岁高龄的邓小平登临黄山。邓小平应上海复旦大学学生的要求同她们一起合影留念

的故事。

那是1979年7月的盛夏时节，邓小平到黄山休息。在攀登鳌鱼峰时，有位年轻女孩气喘吁吁地从后面追了上来，邓小平以为她要赶路，就站到路边为她让路。没想到女孩到他面前停了下来，上气不接下气地解释：邓伯伯，您好，我是复旦大学的学生，本来已经下山了，听说您老人家在这里，我们又赶回来。

邓小平听说是大学生，立刻问："呃，复旦大学什么系的呀？是考进来的吗？"

"是考进来的，读的是新闻系。"

邓小平说："难怪消息这样灵通。"

同学们陆续赶到，邓小平在她们的学生证上签了名字。

75岁的邓小平同这几位20多岁的幸运儿一起留下了一张合影，也留下了一个时代的缩影。

在大学校园或科研院所，总有这样兴奋而又幸福的身影在闪动。学士、硕士、博士，教授、研究员、高级工程师，当年，这些都是令人们肃然起敬的称呼。

学位和职称制度，也是在邓小平指示下恢复的。1977年11月，他明确表示，要建立学位制度，要搞学术和技术职称。3个月后，《中华人民共和国学位条例》获得通过，这是新中国历史上第一部关于学位的立法。

邓小平还大力呼吁全社会形成尊师重教的风气。

1980年2月28日，在北京，来自大学、中学、小学、幼儿园、中专、工农教育的19000多名优秀工作者、特级教师、模范班主任及广大教师的代表，兴高采烈地在人民大会堂举行春节联欢晚会。邓小平和其他党和国家领导人一道接见了首都教育界各方面的代表，同他们进行亲切的交谈，并照相留念。在被接见的代表中，有北京师范大学附属第一实验小学特级教师王企贤。

我国的小学教师，原来没有特级教师这个职称，社会地位和生活待遇偏低。邓小平了解这个情况后，果断决策：现在小学教员的工资太低。一个好的小学教员,他付出的劳动是相当繁重的,要提高他们的工资。要采取适当的措施,鼓励人们终身从事教育事业。特别优秀的教师,可以定为特级教师。

于是,从1979年开始,我国小学教师也有了高级职称。

到1985年,中国又有了教师节。

邓小平很少为要钱的事开口,但1987年,当王震到各部委为中国中小学幼儿教师奖励基金会募集资金时,邓小平帮他说话:"王胡子要钱,应该给。他是为人民办好事。"

还有一个故事。1985年5月,中央召开全国教育工作会议,讨论和部署教育体制改革的措施。会议闭幕那天,邓小平前来出席并发表讲话。按惯例,会议结束后中央领导要同会议代表合一张影。这次邓小平却提议,不合影了,把钱省下来办教育。这次大会的闭幕式只开了短短的18分钟。

为了让失学的孩子重返校园,中国有了"希望工程"。

邓小平不仅亲笔为希望工程题词,退休后,还两次以"一个老共产党员"的名义向希望工程捐款。

这些钱后来帮助了广西百色地区的贫困学生。

1980年春天,邓小平会见了来访的世界银行行长麦克纳马拉,中国从此恢复了在世界银行的合法席位。中国利用的世界银行的第一笔贷款,就是教育项目。

在中国的大门刚刚打开的时候,邓小平立刻提出了一个大胆的建议：要成千上万地派遣留学生和访问学者出国。他说，在这方面多花些钱是值得的。

1978年底，第一批50名公派访问学者去了美国。

不久，邓小平访问美国时，在中国驻美使馆举办的招待会上，提出要专门见一见这50位到美国的访问学者。在卡特夫人欢迎卓琳的晚宴上，卓琳对在场的中国访问学者说："小平同志让我来看你们，你们学成后千万要回国呀，不然的话，小平同志睡不着觉。"

一直到1992年，邓小平依然说：

> 所有出国去学习的人，希望他们都回来。不管过去的政治态度怎么样，都回来妥善地安排。他们能够做出贡献，只有回国，起码国内相信他们。

从1978年起，中国向一百多个国家派出的公费留学生，数量之多、分布之广，不仅在中国的历史上是空前的，就是在世界范围也极为罕见。很多留学人员回国后，在现代化建设的各个领域发挥着他们的才干。

"面向现代化，面向世界，面向未来"，最集中地体现了邓小平对教育的思考与期许。

这三个面向，不仅成为中国教育的长远发展战略，同时也成为中国科学文化的发展战略。

1986年10月18日，邓小平会见了诺贝尔奖获得者、著名科学家李政道。交谈中，邓小平说了这样一句话：对于科学，我是外行，但我是热心科学的。

这位看起来似乎外行的政治领袖，对科技情有独钟。

1978年3月在北京召开的全国科学大会，是中国命运实现历史转折的科学篇章。郭沫若一篇题为《科学的春天》的书面发言，使这次转折有了冬去春来的历史内涵。

正是在这次大会的讲话中，邓小平真诚地说出了自己的心里话：

> 四个现代化，关键是科学技术的现代化。
>
> 正确认识科学技术是生产力，正确认识为社会主义服务的脑力劳动者是劳动人民的一部分，这对于迅速发展我们的科学事业有极其密切的关系。
>
> 科学的未来在于青年。
>
> 我愿意当大家的后勤部长。

邓小平是一个尽心尽职的"后勤部长"。1986年3月，他在四位科学家提出的一份跟踪高科技发展的建议上作出明确批示：我建议，可以这样定下来，并立即组织实施。同年4月和10月，他又两次做出批示，要求有关部门对"此事宜速作决断，不可拖延"。一年之中对同一件事作了三个批示，可见这件事在他心头的分量。

这就是在中国的科学技术发展史上影响深远的"863计划"的由来。

"863计划"的实施，突破了一大批关键技术。

邓小平就是这样一个人，只要是关系到国家和民族未来的事情，他都是那样地尽心筹划。

1978年3月，邓小平在接见出席全国科学大会代表时，留下了一张同数学家陈景润握手的合影。陈景润的学术成就举世皆知，但他进入邓小平的视野时，其生存环境却非常困难。他没有像样的住房，没有学术助手，夫妻两地分居，这与他的学术贡献不成比例。

邓小平亲自过问了。在他的过问下，住房、分居和助手问题在一个星期之内都得到了解决。

1987年邓小平在北戴河接见了中青年专家代表，这也是新中国第一次把知识分子的优秀代表安排到北戴河休假。

他说：

> 对于你们在各自的领域里面所做出的卓越贡献，国家

八　永远年轻　　179

1988年1月，邓小平在北京会见挪威首相格罗·哈莱姆·布伦特兰夫人，当翻译将邓小平的年龄误译后，引起宾主的欢笑

感谢你们，党感谢你们，人民感谢你们。今天没在场的，许许多多在科学技术领域里面做出重要贡献的人，同样的，国家感谢他们，党感谢他们，人民感谢他们。

因为邓小平求索的是未来，所以他的思想永远年轻。

1988年1月，《人民日报》在报道邓小平会见挪威首相布伦特兰夫人的新闻时，刊发了一张照片，还加了一段文字说明：翻译把邓小平84岁误译成了48岁，引起宾主的欢笑。

在中国的新闻中，这样轻松报道领导人的活动，以前还很少见。

84岁的邓小平，思想的确像48岁一样活跃。

也是在1988年，邓小平会见了捷克斯洛伐克总统胡萨克。他们都是国际共产主义运动的老战士，老战士相见总是非常愉快的。在医生劝说下戒了烟的邓小平举杯一饮而尽，比邓小平年轻的胡萨克却犹豫了一下。

已经84岁的邓小平思维依然十分活跃，思路也依然那样开阔。在会谈中，他谈了一个理论创新的大课题。

"马克思说过，科学技术是生产力，事实证明这话讲得很对。依我看，科学技术是第一生产力。"

也许在讲出这个论断的那一刻，邓小平并没有意识到这个论断的历史意义。但当他后来一次又一次重复这一论断并且赋予它越来越深刻的内涵的时候，中国式现代化的理论指南里，就增添了新的篇章。

还是在1988年，邓小平来到北京西郊的正负电子对撞机工程实验室参观。

在登记簿上签完字后，主人给每一个参观者一个小纪念品，别人拿到就收起来了，邓小平却好奇地打开了盒子，看看里面是什么东西。里面是画家吴作人画的题为"对撞"的画。

在听取专家汇报时，他听得非常仔细。虽然他并不一定清楚电子对撞机的工作原理和流程，但他却知道高科技对中国意味着什么。

当他和科学家们座谈的时候，他说：我先给你们讲个故事。

故事很简单。前几年，一位欧洲的科学家问他：你们国家目前经济并不发达，为什么要搞正负电子对撞机这个东西？邓小平的回答是：这是从长远发展的利益着眼，不能只看到眼前。

他说：

> 过去也好，今天也好，将来也好，中国这么一个国家必须在高科技领域里面有一席之地。
>
> 因为这些东西反映一个民族的能力，也是一个民族、一个国家兴旺发达的标志。

1992年1月25日，他来到珠海亚洲仿真控制系统工程公司参观。当他听到有两台设备是跟踪世界最新技术搞起来的时候，非常高兴，说道：

> 我是看新鲜，越新越好，越高越好，越高越新，我就越高兴。不只我们高兴，人民也高兴，还有中国这个国家也高兴。

他走到一位正在操作计算机的年轻人身边，握着年轻人的手说：我要握握年轻人的手，科学的希望在年轻人身上。

在同公司的科技人员合影后，大家没想到，邓小平会主动提出，"要和大家拉拉手"，于是，一双双激动的饱含青春活力的手纷纷伸了过来。邓小平和大家一一握手，连最后一排的也没有漏过。

回去的路上，他对陪同的同志说："真高兴看到这样年轻的科技队伍，中国有希望啊。"

34岁那年，刚担任八路军一二九师政委不久的邓小平，第一次被外国人介绍到西方时，他给采访者留下的印象，是"思想像芥末一样敏感和辛辣"。

84岁那年，美国前国务卿基辛格博士同邓小平对话时，情不自禁地说：在中国，我知道你是年龄最大的政治家，但我不知道有谁的思想比你还年轻！

对人的生命来说，年轻绝不只是一个生理概念。没有面向未来的憧憬和信心，没有开拓进取的创造活力，即使拥有二十来岁的青春，也不能说是拥有"年轻"，年轻只属于那些开拓未来从而拥有未来，创造明天从而拥有明天的人。

关于邓小平，无论是年轻人还是曾经年轻的老年人，受惠最切、感受最深的，恐怕要算是他领导人民创造的一个充满活力、不断进取的社会面貌和社会气象了。他以不多的余年，走向人生的最辉煌时期，为中国，为我们，营造了一个永远年轻的社会机体。曾经年轻和正当年轻的人们，正是吸取着这个社会机体的营养甘汁成长着，年轻着。

邓小平领导党和人民走向未来，从而使他的影响延续到了今天，并和今天的人们一道拥有未来。

这，大概就是邓小平的生命之花永远拥有亮色的奥妙所在。

九　乐园风景

> 我能游泳，特别喜欢在大海中游泳，证明我身体还行；我打桥牌，证明我的脑筋还清楚。
>
> 退休以后，我最终的愿望是过一个真正的平民生活。
>
> 国家发展了，我当一个富裕国家的公民，就行了。
>
> ——邓小平

像大多数普普通通的中国家庭一样，逢年过节，邓小平都喜欢和家人热热闹闹地在一起，有说有笑。

每当这个时候，一向不爱照相的邓小平，也会像一位普通老头那样，心甘情愿地听任儿孙们的摆布，其乐融融。

邓小平有过三次婚姻。

他的第一位妻子，是他在莫斯科中山大学的同学张锡瑗。1930年1月，邓小平回上海汇报工作，妻子正在医院准备生小孩。重逢的喜悦换来的却是永久的悲伤：张锡瑗因产褥热去世

1990年,在儿孙们的摆布下,头戴柳条帽的邓小平与家人在北京玉泉山留下的合影

了,孩子出生不久也夭折了。

他的第二位妻子是金维映。1933年,邓小平受到"左"倾路线的排挤打击,在他被关进"审讯室"前,金维映被迫把离婚书拿到他面前。

随后是残酷的战争和不停的迁徙,在六年的时间里,邓小平无暇再组织家庭。

1939年8月,邓小平从前线回到延安出席中央政治局扩大会议,和老战友邓发住在一个房子里。邓发是个活泼而热情的人,对邓小平又很了解,他决定帮邓小平找一位意中人。不久,还真的找到了一个理想的对象。

她就是卓琳，原名浦琼英，从北京大学到延安参加革命的女学生，当时23岁。

几十年后，他们的女儿这样介绍当时的母亲："浦琼英长得可能多几分像她的爸爸，健康的肤色中，脸蛋红红的，好像阳光下的苹果。两条又黑又浓的长眉，像两道拱门弯在额下。一双眼睛大大的，眼皮双双的，睫毛长长的，笑起来，又开心，又无拘无束。很是讨人喜欢。自打生下来的那一天起，她便吃得饱，穿得暖，万事不用操心。因为，上有父亲的庇荫和母亲的偏爱，下有兄长们的呵护和姐姐们的陪伴。这种优裕的生活，使她从小养成了一种开朗、活泼、凡事不计较、又不善盘算的性格。唯一美中不足的是，受宠的人嘛，总不免有点娇蛮。"

卓琳自己回忆当时的情形说：

> 我在公安部工作，他们经常到公安部来，因为公安部女同志多，他大概在那个时候就对我有意了，我不知道。他就找我的女朋友，跟我一块儿到延安来的女朋友，让那个女朋友来跟我谈，说他想跟我结婚，问我同不同意。那个女朋友跟我谈了两次。我不愿意。我说我年纪还轻，我不想那么早结婚，我拒绝了。

卓琳不愿意嫁给邓小平，还有这样的背景：当时延安有个笑话，有个工农干部和一个知识分子结婚了，两人到延河边散步，女知识分子说：哎呀，你看这个月亮多漂亮！工农干部回答：有什么漂亮的，像个大饼。所以卓琳就想找个知识分子做对象，不想找工农干部。

但邓小平是不会轻易放弃自己的追求的，他让卓琳的朋友传话，要亲自和她谈谈。卓琳答应了，两人谈了两次，卓琳觉得还行，这个小个子军人有点知识，是个知识分子。

1939年，邓小平和卓琳的婚礼是在毛泽东当时住的窑洞院子里举行的。那是一个简朴、热闹却规格很高的婚礼。和他们一起结婚的还有另一对夫妇：孔原和许明。当时在延安的领导人毛泽东、张闻天、李富春等，能来的都来了。还有一些在战场上威风八面的战友们，一起来祝贺两对新人。他们还开起了玩笑，拼命给两位新郎官灌酒，结果孔原喝醉了，新婚当天就挨了妻子的数落。邓小平也是来者不拒，一杯接一杯，却没有喝醉。不是他酒量多大，是好心的李富春和邓发暗中照顾，弄了一瓶水充酒。

结婚后第四天，邓小平带着新婚妻子从延安返回太行前线。从那以后，夫妻二人相依相伴，患难与共，携手走过了一生。

战争年代，邓小平率领部队打到哪里，他们的家就安在哪里。

1939年8月,邓小平和卓琳在延安结婚,成为革命伴侣,这是婚后他们一起回到太行山

1946年秋在河北冶陶,战争年代的邓小平一家

1952年邓小平从西南局调到中央工作后,他们的家搬到了北京,住进了中南海怀仁堂右侧的3号院。正房有一块非常雅致的匾额,叫"含秀轩"。

那是邓小平最忙碌的一段时期。虽然忙碌,日子却很安定,全家人感觉非常幸福。

1969年,邓小平全家搬离含秀轩这个院子,他们在这里住了17年。突如其来的"文化大革命"使一家人从此天各一方。

江西新建县的一座"将军楼",成了邓小平和卓琳新的家。孩子们在逢年过节的时候也赶来探望父母。

身处逆境,家庭的温暖和家人的理解,给了邓小平很大的慰藉和支持。

1973年春天,他们的家从江西搬回了北京,不久便住进了北京宽街的一所院子里。

从1977年开始,邓小平一家又搬进了北京景山后街米粮库胡同3号。

邓小平生命最后20年的时光,是在这所院子里度过的。

绕过院子的一棵老松树,走过挑檐下的平台,进门向左一拐,第二间就是邓小平的办公室。

在他的办公桌上,至今还摆着孙子们送给他的瓷玩具。四个小动物、四个不同的属相,分别代表四个孙子孙女。还有一个小篮子,里面坐着七只白白胖胖的猪。五个小的代表邓小平

1964年夏天的全家福。左起：卓琳、邓质方、邓榕、邓小平、邓朴方、邓楠、邓林

的五个儿女，两只大的戴着眼镜的，代表邓小平和卓琳，组成了一个温馨、可爱的大家庭。

在妻子的眼里，邓小平不是一个浪漫的丈夫，但却是一个深情实在的丈夫。

在工作人员的眼中，他们夫妻之间很少有卿卿我我的举动。

在孩子们的印象中，几十年从来没见父母亲红过脸，或者争论什么问题。

平时相处，卓琳爱说爱笑，邓小平往往只是听着，很少说话。

在太行山的时候，邓小平在前线，卓琳在后方，只有邓小平到后方开会的时候，两人才能见上一面。于是卓琳提出了一个要求：能不能每月给我写一封信？邓小平说：好，我写一封，让秘书印几十份，每月给你寄一封。卓琳只好说：算了。

20世纪50年代，邓小平担任党和国家的领导职务后，就向妻子提出要求：不要到外面工作，不要出风头。妻子理解丈夫，支持丈夫的工作，尽职尽责地担起了全家人生活的担子，做自己分内该做的工作，从不干预政治上的事情。

"文化大革命"中，邓小平被打倒。卓琳说：我是了解他的。一句话，道出了夫妻间无限的信任和理解。

在谪居江西的日子里，夫妻俩一起到工厂劳动，一起在自家住的院子里挖地、种菜。妻子身体不好，65岁的邓小平成了家里的壮劳力，承担起了清扫、拖地、劈柴、砸煤之类的重活、累活。

每天上二楼的时候，经常是妻子一手扶着栏杆，一手由丈夫拉着上楼。妻子时常犯病，卧床不起。每当此时，邓小平总是为她端饭送水，细心照看。

1976年的"天安门事件"后，邓小平和卓琳被暂时分开了。两个人只有通过互递纸条来传递各自的信息。有一次，邓小平给卓琳一张纸条，什么都没写，卓琳也立即回一张白纸条。彼此心照不宣，以这种特殊的方式互报平安。

在谪居江西的日子里，邓小平夫妇俩相依为命，互相体贴照料

无论是战争年代的关山阻隔，还是和平时期的柳暗花明，夫妻间的那份理解、那份真诚、那份关爱从没有改变过。

邓小平爱家，孩子们恋家。

在儿女眼里，邓小平是一位好父亲；在孙辈眼里，邓小平是一位好爷爷。

邓小平曾经说：不搞争论，是我的一大发明。在家里，他也是如此。

他在家里说话不多，不当裁判，不断是非。孩子们吵架，他说"到外边吵去"。他认为"早晚都会过去"。

他关心子女，但从不说教。孩子们上学时，他每学期的期末都要看他们的记分册，每个孩子的优点、缺点、性格特长，他都了解。但是具体的事情，他放手让妻子去管。

"文化大革命"刚刚开始时，女儿邓林曾经问他："我们该怎么办？"他回答说："你们自己考虑。"

孩子们说，父亲从不给他们讲自己的经历，也不讲大道理，从来都是用自己的行动来影响他们。孩子们说九句话，他可能才说一句话。而这一句，往往凝聚了他一生的阅历和智慧，足以让孩子们思考很久。

邓小平很少用语言表达感情，但家人的事情他都装在心里。

在江西时，他们夫妇二人和继母省吃俭用，把省下来的钱作为孩子们的探亲路费和生活费。

那期间，他写的信比前几十年写的加起来还要多。女儿回忆说，从小到大几乎没见到父亲写过信。可在那个特殊的岁月，为了大女儿的婚姻问题，为了大儿子的治病问题，为了小女儿和小儿子上学的问题，他多次写信。字里行间，总是透出一个父亲的深情。

大儿子邓朴方到江西后，年近七旬的邓小平担负起了照顾儿子的责任，他每天都给儿子洗澡、翻身、换衣服，每件事都做得认真、细致。

在南昌的时候，工资停发了，改发生活费，当然比工资少了一大截。于是，邓小平夫妇和他们的继母三位老人就尽量节省开销。肉，孩子们在的时候吃，孩子们走后就尽量不吃；自己养鸡，为的是有鸡蛋吃而不必花钱买；茶叶太贵，邓小平就不喝茶了；喝茅台酒，这个多年的习惯，改了，只喝江西本地产的非常便宜的三花酒，而且只在劳动回来的午饭时喝一小杯；烟，是邓小平的老朋友，一下子戒不了，就减量降档次，抽平装不带过滤嘴的，从过去的每天几十支减少到每天三四支。院子里有片空地，也不能浪费了，种上各种时鲜蔬菜，又可以省下一笔钱。

所有这些，都是为了多节省点钱，因远在四面八方的孩子们生活困难，甚至连回南昌探亲的路费都不易筹措，省下来，给孩子们补贴一下。

还有什么比父母心中蕴藏着的情感更为神圣呢？

"父母的心，是爱的太阳。"如果把马克思的这句话用在邓小平身上，是不过分的。

饭桌是他们全家聚会的地方和信息交流中心，一家大小十几口人，分两桌吃饭。

在饭桌上，大家七嘴八舌，从国家大事到马路新闻，海阔天空，热闹非凡。

邓小平喜欢饭桌上这种轻松、活泼、融洽的气氛，他总是边听边吃，很少插话，也不会表态。

每顿的剩饭剩菜他都不让倒，下顿做成烩菜、烩饭，接着吃。他还常跟孩子们说："不会吃剩饭的是傻瓜，我们全家都不当傻瓜。"

8月22日，是邓小平的生日。每年的这一天，家里的亲戚都来聚会，不请外人。大家一起唱生日歌，孙辈和爷爷、奶奶一起吹蜡烛，爷爷、奶奶切蛋糕，爷爷给大家发寿桃。孙辈们献给爷爷的礼物都是自己动手做的，当然爷爷掏红包的事情也是少不了的。

邓小平疼爱每一个孙辈，少了谁，就要问，就要找。

孙辈们从很小的时候就每天到他的办公室，亲亲爷爷，让爷爷抱抱，有时孙辈们还会在他身上爬来爬去。每当这时，他就会露出孩子般纯真的笑容，尽情享受天伦之乐。

他疼爱孙辈，也利用各种机会教他们做人做事的道理和原则。

1983年2月，邓小平到杭州休息，两个孙辈跟着一起来了。有一天，他们到栖霞岭下的岳王庙参观。穿过正殿，走过墓阙，来到了北碑廊，这里陈列着岳飞的诗词、奏折、手稿的各种刻石。邓小平边看边对孙辈说：我小时候就会唱《满江红》。一边说，一边吟诵起来："怒发冲冠，凭栏处，潇潇雨歇。抬望眼，仰天长啸，壮怀激烈……"他们走到岳飞坟前，邓小平拉着外孙女的手，绕坟一周，又把外孙女拉到秦桧夫妇等几个害死岳飞的奸臣像前，说："英雄总为后人所纪念，坏人为后人所唾弃。青山有幸埋忠骨，白铁无辜铸佞臣，很对呀！你们要像岳飞一样尽忠报国才是。"

在院子里一株玉兰花树前拍摄照片时，邓小平自言自语地说："玉兰到底香不香？"说着闻了闻。孩子们说，这是他一生中最富人情味的一张照片。

1993年9月，邓小平和弟弟邓垦聊天的时候，说出了自己的心里话——

"国家发展了，我当一个富裕国家的公民，就行了。"

邓小平始终保持着丰富的生活情趣。

他热爱生活，热爱生命，热爱春天，热爱大自然，热爱人世间一切美好的东西。

冬去春来，在他们家里，每次都是他率先感受到春天，率先发现自家院子里的小草又绿了。

邓小平喜欢雪，一看见大雪纷飞，他就会高兴地说："今年的庄稼又该有个好收成了！"

在院里散步，他也会饶有兴趣地看着孩子们堆雪人、打雪仗。

到了晚年，他爱看金庸的武侠小说，他说看武侠小说不用动脑子，轻松，愉悦，得到休息。

他讨厌假大空的文艺作品。1978年8月19日，他在同文化部部长黄镇谈话时说：文化领域必须解决读物问题，要有书给人看，现在文化生活太贫乏了，这怎么行呢？现在电影不多，读物很少，我这里摆了一些"文化大革命"以来出的小说，干巴巴的读不下去，写作水平不行，思想艺术水平谈不上，看了开头就知道结尾。电影也是这样，题材单调，像这样的电影我就不看，这种电影看了使人讨厌。有人就是不敢想问题，不能从"四人帮"的框框里脱出来，不敢写恋爱。

1979年9月，浙江人民出版社为了改变当时文艺读物缺乏的状况，翻译出版了美国作家玛格丽特·米切尔的长篇小说《飘》，在国内引起争论。1980年6月13日，邓小平在会见美国费城的坦布尔大学代表团时主动对他们说："你们有一本小说叫《飘》，是写南北战争的。小说写得不错。中国现在对这本书有争论，有人说这本书的观点是支持南方庄园主的。我们翻译出版了这本书。出版了也没有关系嘛，大家看一看，评论一下。"

晚年邓小平的生活很有规律。通常在早上6点半起床，然后在院里散步，散步的圈数是固定的。散步后进早餐，早餐很简单，多是豆浆、油饼、馒头。大约9点在书房听秘书读国内外报刊的新闻摘要。10点钟开始阅读中央送来的文件、简报。如果没有客人，中午饭在12点半左右开始。午饭后邓小平要休息到3点左右，下午是会客时间，有什么领导要来谈话，一般安排在下午，如果没有什么别的安排，邓小平也会约上几个牌友过过打桥牌的瘾。晚饭是在6点半，但如果哪个孩子回来晚了，他就要等。有一次，一个孩子因为飞机晚点耽误了，邓小平和全家就一直等着，等到了夜里9点，直到孩子回家，全家人才一起吃了这顿"迟到的晚餐"。

节假日，邓小平总是盼咐工作人员早点回家团聚，自己家里的节日聚餐就由卓琳带着孩子们动手做。吃饭的时候，邓小平就会记住先为妻子和女儿倒上葡萄酒，并说："辛苦了，节日的厨师，我来敬你们一杯。"

抽烟，是邓小平的一大嗜好。在戎马生涯艰苦岁月里，一直靠烟来提神。

在思考重大的问题时，他总爱夹着烟，一支接一支地抽；在工作间隙，在读书看报的时候，他也总爱抽烟。

长征的时候，找包烟是很困难的。有天夜里，邓小平实在被烟瘾折磨得不行，睡不着觉，就半夜起来出去收罗烟叶。过了半天，他兴冲冲回来了，把同屋的战友罗荣桓也喊起来："老罗，起来，我搞到烟叶了！"罗荣桓也是个老烟民，闻讯立刻穿衣起床，起来一看，原来邓小平找来的是干树叶子。干树叶子也比没有强，两人把树叶揉碎，装到烟锅里抽起来。

晚年的时候，条件好了，他爱抽"熊猫"牌香烟。

1988年9月，邓小平在同捷克斯洛伐克总统胡萨克会谈时，掏出香烟问："抽烟吗？"胡萨克说："因为高兴，你抽烟我也抽一支，我这烟是帝国主义国家生产的。"说着马上掏出打火机给邓小平。

邓小平说："抽烟都应该按自己的习惯。"

会谈过程中，胡萨克又给邓小平点烟，说："至少我也能够为你效点劳，以表示我对你的极大敬佩。"在腾腾升起的烟雾中，两位老人越谈越高兴，越谈越投机。正是在这次会谈中，邓小平提出了"科学技术是第一生产力"的著名论断。

出于健康的考虑，家人对邓小平抽烟做出了种种限制。

1986年9月，邓小平在中南海紫光阁接受美国哥伦比亚广播公司记者迈克·华莱士采访时，有这样一段对话镜头：

邓小平：我抽烟可以吧？

华莱士：当然可以，我也抽一根，谢谢！

邓小平：我这个是他们对付我，特殊制造的，过滤嘴这么长。

华莱士：过滤嘴长啊，比烟还长。

1989年退休以后，医护人员劝他戒烟，他说："那我试试吧。"抽到85岁也抽够了，从此再没有抽过一支。烟瘾上来时，他就吃鱼皮花生。

喝白酒也是邓小平的一大乐事。他的下酒菜常常是两碟花生米和一盘凉拌猪耳朵。

1986年，82岁高龄的邓小平，在钓鱼台养源斋设宴款待英女王访华。当宾主落座后，邓小平举起一杯珍藏20多年的茅台酒致祝词，随后一饮而尽，客人们一片惊讶。

1989年，85岁高龄的邓小平，设宴款待来访的美国总统乔治·布什。邓小平致完祝词后，举起一杯白酒一饮而尽，让布什好不惊讶。他似乎有些不相信，还侧过头来看了看邓小平的杯子，看是不是喝光了，当他确信无疑的时候，自己也举杯一饮而尽。

到了晚年，医护人员一致反对他喝白酒。邓小平再次欣然接受，改喝加饭酒，午餐时一小杯，从不过量。

像普通老百姓那样享受生活的乐趣，但又能够做到适可而止，这或许就是邓小平的生活辩证法。

晚年，邓小平还为自己编了一套体操，虽然都是一些最简单的动作，但很实用。89岁时，他还能双手叉腰单腿轮流跳，并在医护人员协助下，坚持做下蹲运动。

邓小平是个体育迷。到了晚年，他主要是从电视上看体育比赛。足球、排球，特别是世界杯足球赛或中国女排比赛的转播，他必定要看。有一阵中国乒乓球走了下坡路，他就对家人说："中国乒乓球打不赢，就是因为你们不看！"

邓小平退休后,自编了一套体操,每天都做,十分认真

在屏幕上看比赛,他也和亲临现场一样紧张。只要是中国队赢了,他就高兴,情不自禁地拍手,还对身旁的人说:"快鼓掌啊!鼓励鼓励。"

有些比赛,像体操、跳水等项目,他一边看,一边和场上的裁判一起打分。他给中国选手打的分,一般都比裁判打的分高。

他还是较早提出申办奥运会的人。1990年,他在参观亚运村时提出,办了亚运会,还要办奥运会,还问陪同的领导:你们下了决心没有?

邓小平曾经说:"我生平最喜欢看足球。"

早年在法国勤工俭学,为了看一场精彩的国际足球赛,他把一件外衣当了五个法郎，买了一张最便宜的门票。几十年后，他回忆说，五个法郎，是一天的饭钱。而且他仍然记得那场球赛的冠军是乌拉圭队。

1990年的世界杯足球赛，中国转播了52场比赛，他场场都看。有时候时间太晚了，他让工作人员给他录下来，第二天再看，还特意叮嘱说：早晨起来千万不要告诉他比赛结果，那样看起来就没有意思了。

这大概是球迷的典型心态。

他爱看足球比赛，更关注中国足球运动的发展。

1975年10月29日，他同来访的德意志联邦共和国总理施密特谈起了足球：不久前，你们不顾国际足联的限制，派了一个很好的足球队访问了我国，我们足球水平很低，主要请你们来帮助我们。施密特也是一位足球爱好者，对他们的这段谈话，多少年后仍记忆犹新。

邓小平还有另外两个爱好——游泳和打桥牌。

邓小平对"桥牌皇后"杨小燕说过："我是用游泳锻炼身体，用桥牌来训练脑筋。"他还经常对来访友人说："我能游泳，特别喜欢在大海中游泳，证明我身体还行；我打桥牌，证明我的脑筋还清楚。"打桥牌，前面讲过了。这里只讲游泳。

邓小平1989年会见李政道时说：我每天游泳一个小时，

然后睡一下。我不喜欢室内游泳池，活动范围太小，喜欢大自然，自由一些，有个气势。

风格是思想的外衣。邓小平喜欢在大海里游泳。水阔天舒，波涛起伏，方显出击水者和时代弄潮儿的襟怀和本色。

他愿意顶着风，迎着浪，勇往直前，游向大海深处。

邓小平非常珍惜每一次下海的机会。每年去北戴河，到达的当天，他就要下海；离去的那天，他还要下海。天再冷，浪再大，他都舍不得放弃。

每次下海，他都像是完成一项既定的任务，一走进大海，就径直朝着远处的护网游去，他总是沿着泳区的最大周边环游。

每次游到预定返回的时间，他才心满意足地走上沙滩。

有一次，游到半截下起了大雨，岸上摇起了小红旗，招呼大家上岸。他却说："他们摇早了，还不到时候。"

1992年夏天，邓小平已经88岁了。根据他的身体状况，医护人员决定不让他下海了。他就坐在岸边看着孩子们游泳。

每天早晨起来，他就问：今天天气怎么样？风力多大？海浪大不大？身边的人知道他的心思，经过研究，终于同意他下海游一次。护士婉转地对他说："今天下海咱们表现好一点，少游一会儿，明天就还能批准咱们再游。好吗？"邓小平却说："好不容易下去一趟，我才不呢！"

1992年,已是88岁高龄的邓小平渴望地看着大海,这是他最后一次在大海中游泳

1992年,他一共下海8次,每次游泳大约45分钟。

这是他最后一回在大海中游泳。

邓小平舍不得离开大海,游泳上岸后,他静静地坐着久久不肯离去。

十　人民之子

> 我是中国人民的儿子，我深情地爱着我的祖国和人民。
>
> ——邓小平

伟人的爱国情感是丰富和深厚的。

所以丰富，是因为他有着与天下人民同呼吸共命运的广阔胸怀；所以深厚，是因为他总是把自己的目光投向万物生长的大地。

正像一首歌中唱的那样："长江，长城，黄山，黄河，在我心中重千斤。"这山、这水、这江、这河，还有它们承载的传统文明和民族精神，在邓小平的心中，总会唤起千般感慨，万种情思。

在古都西安参观秦始皇兵马俑时，工作人员拿出一把两千多年前的青铜剑给他看。当他听说德国是在1939年才申请这样的铸造工艺专利时,他连忙戴上手套仔细地凝看。

东北有个镜泊湖,曾留下邓小平的身影。

在东南的黄山,他卷起裤腿,登上了山顶,一副不到长城非好汉的模样。

西北的嘉峪关,长城的起点,邓小平曾在这里留下足迹。

蜿蜒曲折的万里长城,是人类建筑史上的奇迹,也是中华民族的文化名片。

早在20世纪五六十年代,邓小平就多次陪同外宾到北京八达岭长城参观。长城的雄姿令人振奋,游览长城的路途却令人心急。

1979年,他对人说:"通往景区的路,要下决心修好。现在游长城,至少要花5个小时,大部分时间花在路上。"后来又向国务院的领导提出:"北京到十三陵、长城可以修高速公路。"他的这些建议,后来都变成了现实。

"不到长城非好汉",到了长城,看到那些残垣断壁,难免令人感到忧虑。

1984年,北京的几家新闻媒体发起了"爱我中华,修我长城"的社会募捐活动。计划筹集15万元人民币,用于长城的部分维护。这个活动很快引起了邓小平的关注。为了表达支持,9月1日,他亲笔为活动书写了主题词:"爱我中华,修我长城。"这个活动一直坚持下来,平均每年收到的捐款超过了

1980年7月,邓小平在长江三峡船上

200万元,大大超过了预计。用这些钱修复的长城已经向游客开放。

长城,正以新的雄姿,承载和延伸着中华民族源远流长的精神脉动。

1980年7月,邓小平乘"东方红32号"轮船从重庆顺江而下。船过长江三峡,他抬头寻找那被烟雾笼罩的神女峰。或许,当他在16岁那年沿着这条江去拥抱大海的时候,也曾这样凝望过。

整整60年前,当他沿着这条江去拥抱大海的时候,他怀抱的是报国之心,到西方寻求报国之技。

这一次,76岁的老人是寻求开发长江、振兴中华的方略。

要不要兴建三峡水利工程,是他此行的主题。对这个问题,各方面意见不一。这是一个关系到千秋万代的大事,邓小平没有贸然决定，他慎之又慎，这次特意带上了各方面的专家。

一路上，他不断和专家们探讨着。他详细询问投资、工期、发电、航运、坝址等有关问题。专家们一一向他做了汇报。

他甚至问："反对建三峡大坝的人有一条很重要的理由，说是建了大坝以后水就变冷了，下游地区水稻和棉花都不长了，鱼也少了，有没有这回事？"得到否定的回答后，他点点头："哦，是这么回事。"

同行的四川、湖北两省领导，也加入了三峡大坝工程的论证行列。四川反对上，湖北赞成上，人们各抒己见，互不相让。邓小平默默听着，并不表态，只是风趣地说："四川'反对派'，湖北'坚决派'，你们说的意见我都听明白了。"

船过西陵峡，他特意让减速航行，遥看拟议中的三峡大坝所在地中堡岛。许久之后他说："生态破坏和航行的破坏不大，但也一定要慎重，要对中华民族的子孙负责。轻率否定三峡不好。"

1981年夏天，邓小平西出阳关，到新疆视察。途中，他做了个短暂停留，参观敦煌莫高窟。去之前就通知甘肃省委，这次来是休息，不谈工作，不用汇报。

早在1926年邓小平就到过甘肃，以后也多次到过，但都没有机会亲眼看看驰名中外的莫高窟。这次正好路过，终于弥补了多年的遗憾。

到了敦煌，邓小平先听当地文物研究所的领导介绍情况。听完后关切地问："你们还有什么困难？"当地领导如实作答："研究经费不足。"

邓小平当即对同行的王任重说："任重，经费你给考虑一下。"他又对敦煌的同志说："敦煌文物天下闻名，是祖国文化的遗产，一定要想方设法保护好。"

有人在莫高窟认出了邓小平，顿时邓小平来敦煌的消息传遍了全城。当工作人员把群众想见一见他的愿望告诉邓小平时，他欣然答应了。第二天，邓小平乘坐一辆面包车，出了宾馆大门，沿着东大街缓缓驶过，邓小平在车里向两边的群众频频招手致意。

邓小平告别了热情的敦煌人民，临走时还念叨着："敦煌是件事，还是件大事。"没过多久，敦煌文物研究所就收到了国家文物局拨来的300万元专款。

由此，莫高窟南北窟区都进行了加固，多年欠账的职工宿舍盖了起来，敦煌研究所也发展成为了敦煌研究院。敦煌的保护、研究、开发利用，开始进入一个新的时期。

桂林山水甲天下。它吸引着来自世界各地的游客。

1986年1月，82岁的邓小平来到桂林。到达后的第二天，他就乘游船游览了漓江。当他看到绿水中倒映着青山的翠影，高兴地称赞道："漓江水又变清了！"

这个赞叹的后面，埋藏着一件尘封的往事。

1973年，刚刚复出不久的邓小平，陪同加拿大总理特鲁多到桂林参观访问。当游船在美丽的漓江中航行的时候，一幕令人痛心的画面出现了：从两岸的各种工厂里排出的又黑又臭的污水，毫无遮掩地向江里倾泻，原本清澈的江水，变得越来越浑浊，两岸到处可见违章建筑和垃圾堆。

当天晚上，外宾们入睡后，心绪难平的邓小平找来了广西和桂林的领导，严肃地说："桂林是世界著名的风景文化名城，漓江是这座名城的重要组成部分。你们抓生产、抓城建，这都很对，但如果把漓江污染了，把环境破坏了，即使工农业生产发展快、市政建设搞得好，是功大于过呢，还是过大于功呢？请你们好好考虑。那也是功不抵过啊！"

邓小平回北京后，主持国务院会议讨论制定了有关桂林山水保护的文件，桂林随即开始了大规模的环境治理。经过10多年的努力，终于收到了明显效果。这次重游漓江，邓小平看到了变化，十分欣慰。

心情愉快的邓小平在桂林还留下了一个小幽默。

他参观完芦笛岩风景区时，风景区的同志请他题词留念。他拿起毛笔，笑着说："写啥？"

同行的小孙子拉着他的衣服说:"写到此一游。"

邓小平说:就依你的。说完挥笔写下了"1986年元月26日到此一游。邓小平"几个字。

一旁的王震也忍不住,在邓小平签名的后面提笔写下:"陪随者王震。"

对祖国大地的热爱,常常体现在一些微小的细节之中。

邓小平到过许多地方,只有少数几个省区没有去过。越是没有去过的地方,越让他魂牵梦绕。

1978年2月,74岁的邓小平赴尼泊尔访问。他在专机上俯瞰着西藏这片高天厚土,目光专注而深沉。

西藏,一直是邓小平心里非常惦念的热土。作为中共中央西南局第一书记和二野的政委,邓小平是进军西藏、和平解放西藏的直接指挥者之一。为了准备和平解放西藏,1950年1月15日,西南局召开了十八军师以上干部会。会上,邓小平着重指出:解放西藏有军事问题,需要有一定数量之军事力量。但军事与政治比较,政治是主要的。从历史上看,对藏多次用兵都未解决问题,而解决者,亦多靠政治。政策问题极为重要。"我部队进军西藏,靠政策走路,靠政策吃饭。"

邓小平结合西藏的实际情况,亲自主持起草了和平解放西藏的纲领性文件——同西藏地方政府和平谈判的十项条件,又

1951年4月,邓小平和各界群众欢迎以阿沛·阿旺晋美(正面左一)为首的西藏地方政府代表团途经重庆前往北京。同年5月,中央人民政府代表同西藏地方政府代表达成了和平解放西藏的协议

叫"约法十章"。

后来,中央人民政府同西藏地方政府签订的《关于和平解放西藏办法的协议》,正是以这十条为基础,在这个大框架上发展充实起来的。1951年,西藏全境获得解放,这是中国大陆最后解放的地区。

然而,邓小平这个和平解放西藏的功臣,却没有机会踏上过西藏的土地,这成了他的一大遗憾。

1980年10月,国务院的一位副总理陪同外宾赴藏访问拉萨,行前邓小平委托这位副总理给西藏捎话,希望得到一件有象征意义的纪念品。

后来西藏的领导同志把一尊精美的佛像交这位副总理带回给邓小平,以慰他对西藏的眷恋之情。

1992年1月,邓小平来到深圳"锦绣中华"微缩景区参观,感慨地对身边的人说:"这辈子我是去不了西藏了,就在这座'布达拉宫'前照张相,权作纪念吧!"

邓小平1984年1月来深圳的时候,站在国商大厦的天台,细细地观看了深圳的全景,接着向雾气缭绕中的香港投去深情的目光。

那是他半个多世纪前曾经五次经过的地方。

虽然是中国自己的土地,但却被外国殖民者占据了太久太久。

20世纪70年代末,随着新界租期的临近,中英之间关于香港的谈判,逐渐被提上议事日程。

香港是国际贸易金融中心,能为英国提供巨大的经济利益。对于这样一只"会生金蛋的鹅",英国政府怎么会心甘情愿地归还中国呢?

1982年7月28日,英国抛出了"三个条约有效论"的主张。随后,邓小平在会见当时的英国首相撒切尔夫人时,全面阐述了中国政府的严正立场,对英方的观点逐一进行了驳斥。他指出:"我们对香港问题的基本立场是明确的,这里主要有三个问题。一个是主权问题;再一个问题,是一九九七年后中国采取什么方式来管理香港,继续保持香港繁荣;第三个问题,是中国和英国政府要妥善商谈如何使香港从现在到一九九七年的十五年中不出现大的波动。"

邓小平说:"主权问题不是一个可以讨论的问题。现在时机已经成熟了,应该明确肯定:一九九七年中国将收回香港。就是说,中国要收回的不仅是新界,而且包括香港岛、九龙。中国和英国就是在这个前提下来进行谈判,商讨解决香港问题的方式和办法。如果中国在一九九七年,也就是中华人民共和国成立四十八年后还不把香港收回,任何一个中国领导人和政府都不能向中国人民交代,甚至也不能向世界人民交代。如果不收回,就意味着中国政府是晚清政府,中国领导人是李鸿章!我们等待了三十三年,再加上十五年,就是四十八年,我们是在人民充分信赖的基础上才能如此长期等待的。如果十五年后还不收回,人民就没有理由信任我们,任何中国政府都应该下野,自动退出政治舞台,没有别的选择。所以,现在,当然不是今天,但也不迟于一、二年的时间,中国就要正式宣布收回香港这个决策。我们可以再等一、二年宣布,但肯定不能拖延更长的时间了。"

1984年9月17日,中英双方代表团就香港问题的谈判达成协议。

1990年1月,邓小平同李嘉诚谈起他对香港这块土地的

1984年12月19日，邓小平会见英国首相玛格丽特·撒切尔夫人

深情。

  李嘉诚：你身体还非常好。

  邓小平：毕竟85岁了，好也好不到哪里去。

  李嘉诚：希望你创造一个纪录。

  邓小平：我自己是争取活到1997年。我活到1997年，就是要在中国收回香港之后，到香港自己的土地上走一走、看一看。

邓小平的这个愿望没有实现。但他提出的"一国两制"的天才构想，为中国政府成功地解决香港问题奠定了坚实基础。

1997年7月1日，香港终于回到祖国的怀抱。

中英关于香港问题达成协议以后，中葡关于澳门问题的谈判随之展开。但在澳门回归的时间上，一开始葡萄牙强调，中方应当给澳门更多的过渡时间，至少不少于香港的12年。葡萄牙国内还有人提出，在20世纪结束时不能归还澳门的管治权，归还的时间要等到2017年。一时间，阴影蒙上了谈判桌。

关键时刻，邓小平表明了斩钉截铁、不可动摇的态度："澳门问题必须在本世纪内解决，不能把殖民主义的尾巴拖到下一个世纪。"

邓小平的立场代表了全体中国人民的立场，葡方不得不改变自己的态度。

1999年，中国政府恢复对澳门行使主权。又一个游子回到了祖国的怀抱。

邓小平还有一个没有实现的愿望，就是到台湾看一看。

1988年9月，他对捷克斯洛伐克总统胡萨克说："我也想去台湾看看，不过看来一九九七年以前解决这个问题不容易。"第二年，他对来访的苏联领导人戈尔巴乔夫说："我这一生只剩下一件事，就是台湾问题。"

这件事，在邓小平心中无比沉重，并浸染着浓浓的民族感情。当外国记者问他台湾为什么要和大陆统一的时候，他是这

样回答的:

> 这里面首先是一个民族问题,民族的感情,炎黄子孙都希望祖国能够统一,分裂状况是违背民族意志的。

"一国两制"的伟大构想,最早是为解决台湾问题提出来的。

然而,台湾回归的进程却艰辛曲折。

邓小平预料到了这一点。为了防止"台独"势力分裂国家,他做出了一个长远的安排:

> 用"一国两制"的方式解决台湾问题,但是我们不能放弃用非和平的方式统一台湾的这个承诺。我们要记住这一点,这也是一种战略考虑。

爱祖国、爱人民,是最深沉、最有力量的情感。习近平同志评价说:"热爱人民,是邓小平同志一生最深厚的情感寄托。"

无论是洒满阳光的灿烂日子,还是在布满泥泞的羊肠小道,无论是韶华岁月还是迟暮之年,他一生从没有停止追寻和奋斗。因为他胸怀深处,始终有一个充满希望的耀眼坐标,那就是祖国的富裕和强盛，人民的幸福和安康。

早在1949年解放重庆的时候，邓小平就对他的部队说过："人民是一切的母亲。"

他还说过："我们的人民勤劳勇敢，坚忍不拔，有智慧，有理想，热爱祖国，热爱社会主义，顾大局，守纪律。"

1978年在开辟一个新时代的时候，他又说："我们落后了，老实说对不起人民。我们的人民太好了。"

他还反复强调，要把人民拥护不拥护、赞成不赞成、高兴不高兴、答应不答应，作为制定方针政策和作出决断的出发点和归宿。

于是，在推进改革的日子里，老百姓的生活，大到吃饭穿衣，小到柴米油盐，都是邓小平细心关注的事情。

1979年10月，中央在北京召开各省、自治区、直辖市第一书记座谈会。这样一个高规格的会议上，邓小平讲起了铁路工人的洗澡问题。他说："一九七五年整顿铁路时，遇到一个解决铁路工人主要是火车司机洗澡的问题。工人下工一身脏，要洗个澡，那么大的企业，搞些喷头有什么困难？但是没有人管。这样的例子，我相信全国可能有不少。"

从20世纪70年代末到80年代初，他在视察各地时多次察看居民的住宅楼。1978年10月，他到北京前三门大街住宅楼工地视察，先看了一个两居室，又看了一个三居室，在起居室里，他问："房间有多大？"

陪同者答："两居室大间14平方米，小间9平方米。三居室大间14平方米，中间12平方米，小间9平方米。"

"小了点儿。"邓小平有些遗憾。他问，能不能把层高降低一些，把面积搞得大一些？

同行的女儿调皮地说："爸爸你不能因为自己的个子矮，也得让房子变矮。"

一句话让在场的人都笑了，邓小平自己也笑了。

还有一次视察住宅，他一眼就看到了传统的挂锁，禁不住说："铁将军把门，这不是告诉小偷家里没有人吗？""要请一些会挑毛病的人来提提意见，研究一下怎样把住宅楼修建得更好些。今后修建住宅楼时，设计要力求布局合理，增加使用面积，更多地考虑住户的方便，如尽可能安装一些沐浴设施。还要注意内部装修的美观。要多采用新型轻质量建筑材料，降低住房造价。"

1986年，邓小平到天津视察。看完中环线，他特意转到河西区体院北居民区去看看。这个小区的园林小品引起了他的浓厚兴趣，漫步在假山、亭阁、水榭之间，他似乎感受到了群众的欢乐。参观后，他对这种高品位的居民小区给予了高度评价：

> 建设居民小区,人民群众有了好的环境,看到了变化,就有信心,就高兴,事情也就好办了。

在四川,邓小平看到农民用上了沼气,非常好奇。他先听有关领导的汇报,了解了大致的情形,然后到了一户农民家里。看到厨房里收拾得干干净净,他很高兴地说:"火也变了,锅也变了,干净了,卫生了,沼气把过去的土锅土灶都改掉了。"然后,他又详细询问沼气的使用效果,问烧一锅开水要多长时间?能不能炒菜?

得到了肯定答复后,不料邓小平又突然问:"能不能炒腰花?"

能不能炒腰花,实际上是问火力的大小,因为腰花只有用旺火爆炒才会好吃。一句朴实的问话,道出多么寻常的百姓情怀。

1980年7月在峨眉山,已经睡下的邓小平,又起来问工作人员,我们住在这里,别的游客是不是也住下了,不要影响别人。

也就从那时开始,中央领导人外出视察,改坐了面包车。这样做,一是为了节省汽油和车辆,二是为了方便听汇报,讨论事情。

邓小平曾问:"坐车出去走一走,不会招摇过市吧。"

即使每次出访坐面包车，他也要求尽量轻车简从，不要影响人民的正常生活。

退休后，外面的世界每天都发生着变化，深深地吸引着他的目光。他说自己退休后的一大愿望就是到外面走一走，看看建设中国特色社会主义这条道路到底对不对？人民的生活有什么变化？他提出的小康建设目标实现得怎么样了？

1990年10月，邓小平逛了一趟北京城，感慨地说：北京建设得好。然后他又来到国家奥林匹克体育中心参观亚运会的体育设施。

1993年10月，邓小平又乘坐一辆面包车逛了一趟北京城。他先沿着长安街看市容，然后到了东南三环的快速路，到了四元立交桥，最后又看了机场高速公路。北京的变化让他有些认不出来了。面包车进入机场高速公路时，要交20块钱的通行费，女儿让他拿钱，他老老实实地说："我哪里有钱，从1929年起，我身上就分文全无。"

虽然是逛街，他的心里还是想着他的小康目标。

他指着机场高速公路问："这样的路算不算小康水平？"车上的人说："已经超过了。"他又指了指自己的夹克衫问："我这件衫子算不算小康水平？"车上的人又答："您这件夹克是名牌，也超过了。"车上响起了愉快的笑声，邓小平也欣慰地笑了。

1992年2月，邓小平在上海南浦大桥留影

在邓小平60多年的革命生涯中，绝大部分的时间，他的衣服只有两种款式：军装和中山装。退休以后，他更喜欢穿的是夹克衫。也许他觉得这样才像一个普通老百姓。

像普通老百姓那样过日子的邓小平，1992年元宵节那天，出现在上海第一百货商店。他事先准备了一点现钱。

出门在外，他掏钱为四个孙辈每人买了铅笔和橡皮。他说，铅笔是鼓励孩子们好好学习，橡皮是要求孩子们有错就改。

一股祥和之气，一派平民之风。

随后，他来到正在兴建的南浦大桥上参观。这位88岁老人，不顾年高体弱，稳稳地站立在寒风中。

他似乎在谛听，静静地谛听着岁月的脚步，静静地谛听着改革开放的潮声。

在人们的记忆中，邓小平一生似乎与诗歌无缘。他不是一个诗情画意的人。

但有一次，他的心中涌动出了诗情。

1993年，90岁的邓小平来到上海杨浦大桥参观。他情不自禁地说："喜看今日路，胜读百年书。"身旁的女儿好奇地问："爸爸从来不作诗，今天怎么诗兴大发？"邓小平认真地说："这不是诗，是我内心的话。"

这是邓小平最后一次公开露面。

流逝的岁月，吹皱了他的面容，染白了他的青丝，蹒跚了他曾经矫健的步伐，甚至可能模糊了他的视线，冲淡了对往事的记忆。

但有一点是永恒的，那就是他繁茂的思想之树，深沉的爱国爱民之情，还有他从心底里涌动出来的无韵诗篇。

他留给人们最有名的话是——

"我是中国人民的儿子，我深情地爱着我的祖国和人民。"

十一　同频共振

> 我们这一代人都是在他的领导下成长起来的。
> 有的把我的规格放在毛主席之上，这就不好了。
>
> ——邓小平

每个时代，都会产生特定的紧迫而重大的历史课题。走在时代前列的人，都会自觉地去寻求相应的解决方案。做出彪炳史册贡献的历史伟人，总是抓住时代演进中最具有决定意义的环节，提出诸多解决问题、掌握规律的深远论断，作出诸多高屋建瓴、推进实践的重大决策，创造诸多跌宕起伏、精彩纷呈的历史事件。

毛泽东和邓小平，就是这样的历史伟人。

他们在同一面旗帜下出发、互动联系达半个多世纪，并相继创造历史。

他们的心是相通的，包括信仰信念、理想追求、精神境界、思想方法和决策方式，甚至包括他们在党内的经历、经验，都有不少相似之处。

用个比喻，这叫"同频共振"。

毛泽东和邓小平都是十六七岁离开家乡，走进革命的时代氛围，然后成为职业革命家。但他们相差11岁，最初感受到的时代氛围，不太一样。

毛泽东1910年走出家乡的时候，还是封建王朝的"子民"；一年后辛亥革命爆发，毛泽东投身其间，当了半年兵。邓小平1920年走出家乡的时候，已经是受五四运动影响的"新青年"，而且这一走，就远赴重洋，直接感受到西方的东西。

毛泽东选择和确立信仰的思想经历，要长一些，复杂一些，深刻一些，邓小平就更直接一些。邓小平1922年参加革命的时候，中国共产党已经在一年前成立了，而毛泽东是参加建党的骨干。但从根本上说来，他们都有那一代革命家的共性，就是敏锐把握时代大势、依据新的历史条件来做出信念选择。他们两个的家庭条件都不算差，不是因为活不下去了才投身革命，根本上是为了改造中国，救国救民。

投身革命后，在风雨前行的路途上，毛泽东和邓小平都是非常之人，做了非常之事，成就非常之功。

他们大致相似的经历、作为和人生风采，有哪些可以放在一起，去体会他们"同频共振"的心曲呢？

同频共振的第一个音符，是独当一面，开拓新局。

进入中央决策层之前，毛泽东和邓小平都长期担任党的事业的某战略区域或战略领域的"一把手"，他们几乎都没有担任过副职，都有着独当一面的经历和锻炼。

这样的相似经历，培养了他们对党的事业的责任心和使命感，还有掌控、影响、引导全局的领导气质、领导智慧和领导能力。在革命年代，远离中央，区域领导者必须要有独自处理复杂局面的全局性视野和决断力，对自己负责的事情，必须看得到，抓得起，敢于拍板，善于拍板，敢于和善于开创新的局面。这是大革命家、大政治家必备的重要品质和品格。毛泽东和邓小平，都拥有这样的品质和品格。毛泽东从建党初期在湖南领导工人运动起，他负责的事情，总是有声有色，走在全党的前面。邓小平从25岁领导百色起义开始，也是这样。

从井冈山时期起就和毛泽东患难与共的朱德，1943年10月6日在中央政治局会议上说，毛泽东是一个"有魄力、有能力，遇到困难总能想出办法"的人。他还说：我们这次学习，就要每人学一套本事，主要学好毛泽东办事的本事。

习近平同志2014年在纪念邓小平同志诞辰110周年座谈会上的讲话中，也专门谈道："我们纪念邓小平同志，就要学习他不断开拓创新的政治勇气。开拓创新，是邓小平同志一生最鲜明的领导风范","他身上始终洋溢着一种革故鼎新、一往无前的勇气，一种善于创造性思维、善于打开新局面的锐气"。

同频共振的第二个音符，是军人政治家，政治家军人。

毛泽东和邓小平，都是带兵打仗而获得党内肯定，然后进入中央领导层的。1955年全军授衔时，曾准备给毛泽东评大元帅，但他拒绝了。以邓小平的军队资历和战功，是可以评元帅的，因为他已经转任地方工作，按例没有授予。1977年，邓小平前去给叶剑英元帅祝寿，在场的有不少军队将领，叶剑英就说过："你是我们老帅的领班。"

直到晚年，毛泽东和邓小平都比较强调自己的军人经历。毛泽东1975年10月会见联邦德国总理施密特时说：我懂得怎样打仗，怎样打胜仗。邓小平晚年曾两次回答外国来宾的提问，说自己的"专业是打仗"，是一个"老兵"。我们知道，对于一个政治家来说，拥有在战争中锤炼和体现出来的领导智慧和领导能力，其决策胆识和风格，是非常高超的。有人说过，如果在战争能够领导他人，那么他就可以在其他领域领导他人。

毛泽东和邓小平，又不是单纯的军事家，他们在军队主要当政委，担任党内领导职务。他们作为军人，是政治家军人；作为政治家，是军人政治家。他们非常明白党指挥枪是决定革命成败的关键。和职业军人不同，他们文武兼备，不是单项人才，他们始终是从党和国家的前途命运出发，领导军队工作。他们首先是党的事业全局的掌舵人。

同频共振的第三个音符，是逆境考验，"聪明起来"。

邓小平在党内有"三落三起"的政治经历。

实际上毛泽东在党内也有"三落三起"的遭遇。毛泽东的第一落，是1927年带领秋收起义部队上井冈山后，临时中央政治局决议开除他刚刚担任三个多月的中央政治局候补委员，传到井冈山，误为开除党籍。第二落，是红四军1929年召开的第七次党代表大会，毛泽东落选红四军前委书记之职。第三落，是在中央苏区时期，毛泽东几次受到批评指责，遭受排挤，失去军权。毛泽东后来曾说，他一次被开除出党，三次被赶出红军。到1935年的遵义会议，是毛泽东的第三起。

可见，毛泽东和邓小平，都是经过党内沉浮和磨难以后被历史选择，被党和人民选择的。他们经受的历练，是人生的历练、政治的历练、智慧的历练。他们对别人的失误有更清晰的认识，对道路的选择更加务实，对前途的构想更加聪明。

毛泽东和邓小平对待逆境，态度是一样的，都始终保持乐观进取的心态和坚定坚韧的信念意志，身处逆境时不和历史赌气。

毛泽东1929年身处逆境时，在重阳节写诗说"不似春光"，"胜似春光"，"战地黄花分外香"。1934年在第三次逆境中，毛泽东到会昌调研，在诗里说的是"风景这边独好"。

邓小平的乐观和忍耐，更为人熟知。比如，第一落时，他作为"毛派"分子被撤销中心县委书记的职务后，依旧改不了他爱开玩笑的性格。第二落时下放到江西一家拖拉机厂劳动，复出后，他对人说：干钳工，身体反而很好，手艺生疏了，学了不少技术，这是一件好事。

毛泽东和邓小平在逆境中尽量发挥力所能及的作用，为党工作，还有意识地搞调查研究，了解实情，总结经验。江泽民1997年在邓小平同志追悼大会上的悼词中，有过这样的概括：当邓小平"受到错误打击、处于逆境的时候，他从不消沉……对我们事业的未来抱乐观主义。他总是由此更加深刻地思索中国革命的经验教训和根本规律问题，发愤要有新的更大作为"。

这里说的是邓小平，毛泽东何尝不是如此。毛泽东曾经说过，错误和挫折教育了我们，使我们更加地聪明起来。

同频共振的第四个音符，是战略思维，顶层设计。

在党对毛泽东的正式评价中，有一个历史定位，叫"伟大的无产阶级革命家、战略家、理论家"。在对老一代领导人的历史定位中，"战略家"是毛泽东独有的。作为伟大的战略家，实际上是伟大的革命家、政治家、军事家、外交家、理论家这些称谓的复合。

毛泽东1965年1月24日在中央政治局常委扩大会议上的讲话中，谈到"三线建设"等工作布局时说："打军事仗，政治仗，现在的经济仗，要抓大局"，"搞经济工作也要先搞战略"，"我只研究战略、战役"。

老一辈革命家谈到毛泽东，也常常从战略家角度来表达敬佩之情。彭真晚年就说过：在党的历史上，几次重大关头，毛主席的意见开头多数人不赞成，他是孤立的，但最终的事实证明还是他正确，他高明，他站得高、看得远。

1958年，周恩来更是明确讲："主席总是从战略上看问题的，而我往往从战术上考虑问题。"

邓小平非常推崇毛泽东作为大战略家的领导气质。他说："毛泽东曾经指出，我们党历来是重视战略的，部队的战士、伙夫都关心战略，只要把战略形势讲清楚，问题就好办了。"

在党对邓小平的历史定位中，没有"伟大的战略家"这个称谓，但有"中国社会主义改革开放和现代化建设的总设计师"这个历史定位。战略家和总设计师，意思大体相同。习近平同志2014年在纪念邓小平同志诞辰110周年座谈会上的讲话中，就专门谈道："我们纪念邓小平同志，就要学习他高瞻远瞩的战略思维。战略思维，是邓小平同志一生最恢宏的革命气度"，"邓小平同志思想敏锐、目光远大，多谋善断、举要驭繁，总是站在国内大局和国际大局相互联系的高度审视中国和世界的发展，善于从全局上思考问题，善于在关键时刻作出战略决策"。

用今天的话来说，毛泽东和邓小平都是顶层设计者。他们的思想理论，他们开拓的事业，发挥着长远深刻的影响，总是穿越时空之门和后继者们的奋斗息息相关。

同频共振的第五个音符，是躬身务实，抬头引领。

战略家当然要管大事，看大局，讲大道理。但是，如果一开始就只管大、只善大，只注意"思"而不善"行"，就不可能在千头万绪、千难万险中开拓出新局面。

在成为党中央领导集体的核心之前，毛泽东和邓小平都是以"实干家"为人称道的。

从建党初期到长征结束，毛泽东都在一线做领导。他干过学生运动、工人运动、宣传工作、农民运动，他创建红四军和井冈山根据地，他抓根据地党的组织建设，抓苏维埃政府各项具体事业。从1927年到1936年，在长达10年的时间里，他常常身处前线，指挥打仗。

毛泽东在长征前，关于农村的情况，搞过十多次调研，对中国革命的特点摸得滚瓜烂熟。他的领导风格，非常务实。像"三大纪律八项注意"这样的军规，最初的提法，都来自实际工作，比如睡觉上门板，尿尿避开妇女，不挖老百姓的红薯，等等。

在"左"倾教条主义统治中央的时候，王明、博古都认为，毛泽东"大事有错，小事没有错"。言下之意，毛泽东干实事是可以的，只是在方向上和他们的那一套"左"的东西相违背。于是，他们给毛泽东戴上"山沟沟里出不了马列主义""狭隘的经验论"这样一些帽子。

邓小平从参加革命到20世纪80年代初期，更是在一线做领导工作。他在军校搞过教育，在中央当过秘书长，独立领导百色起义和龙州起义，创建红七军、红八军和左右江革命根据地，当过县委书记，编过《红星报》，当过几个大区的中央局书记、战略部队的政委，新中国成立后，担任副总理、中共中央书记处总书记等等。

在开辟改革开放和社会主义现代化建设新时期的过程中，他常常以小见大，见微知著，善于抓看起来不算太大却又事关全局的事情，在解决突出问题中实现战略性的突破。比如：恢复高考；创办经济特区；处理安徽的"傻子瓜子"经营；为了发展旅游事业，他甚至谈到黄山的茶叶应该怎样卖；为了创办能够引进来、走出去的大公司，他还请荣毅仁等工商界老人们吃火锅。

毛泽东和邓小平的工作方法和领导方法还有一个共同点，就是着重抓影响工作全局的两大关键问题。用毛泽东的话来说，当领导，关键要做好两件事："出主意，用干部"。邓小平

1985年以后，具体的事情管得少了，他说自己主要是"抓方针，抓头头"。他们两人说的，实际是一个意思。

毛泽东和邓小平还有一个共同的领导方法，就是注重思想领导。1942年7月9日，毛泽东给在山东的刘少奇发过一封电报，明确讲："掌握思想领导是掌握一切领导的第一位。"思想领导，实际上就是邓小平说的"抓方针"。

毛泽东和邓小平都注重用"笔杆子"来指导和推动工作。毛泽东抓笔杆子，他本身就是党内无人能及的"大笔杆子"，大家都清楚。

邓小平投身革命的第一项工作，就是主编《赤光》杂志，抓笔杆子成为他的习惯和特点。1926年他在莫斯科中山大学按照中共党支部的要求，填写了一份《党员批评计划案》，在"做什么工作最合适"一栏里，他填写的是"能做宣传及组织工作"。这一年，中山大学的联共（布）党支部书记给他写的鉴定评语中，也特别强调邓小平"学习能力强"，"学习优秀，党性强"。在战争年代，邓小平虽然话不多，但善写，他的总结报告在党内是出名的。毛泽东很喜欢看他的报告，说看了小平的报告就像夏天吃了冰激淋一样透爽。新中国成立初期，邓小平主政大西南的时候，就明确强调领导干部要学会用笔杆子来领导工作。

毛泽东晚年讨厌"四个伟大"这样的吹捧，但他还是认可

"教师"这样的称谓,这是他注重思想领导的真心流露。四卷《毛泽东选集》,是他亲自主持编辑出版的。他看重思想结晶,重视思想理论对未来的影响。

邓小平晚年主持编选《邓小平文选》第三卷时,逐字逐句地审稿。编辑过程中,他反复说:"不管对现在还是对未来,我讲的东西都不是从小角度讲的,而是从大局讲的。""实际上,这是个政治交代的东西。"出版前还专门强调:"我的文选第三卷为什么要严肃地多找点人看看,……就是要坚持,不能改变这条路线,特别是不能使之不知不觉地动摇,变为事实。"

1993年9月,邓小平还说:我退休后也不是无事可做,观察社会问题,出点主意,原则上要掌握几条。

邓小平和毛泽东同频共振,实际上是一种知音关系:人生智慧的知音,政治实践的知音,相互欣赏的知音,历史评价的知音。

在邓小平的心目中,他既是毛泽东的战友,也是毛泽东的学生。

说邓小平是毛泽东的战友,这很好理解。他们虽然相差11岁,大体上属于同一代革命家。毛泽东是党的第一代中央领导集体的核心,邓小平是其中的重要成员。

说邓小平是毛泽东的学生,这要从1978年党的十一届三中全会实现历史转折前后,邓小平有关毛泽东的谈话说起。

在1978年12月13日的中央工作会议上,邓小平谈道:毛泽东思想哺育了我们整整一代人,我们在座的同志,可以说都是毛泽东思想教导出来的。没有毛泽东思想,就没有今天的中国共产党,这丝毫不是什么夸张。

邓小平的意思是说,包括他自己在内的整整一代人都是毛泽东的学生。

学生对老师的怀想和敬仰,反反复复地体现在邓小平的谈话和文章当中。

《邓小平文选》(二、三卷)、《邓小平年谱》(四、五卷),收入了邓小平从1975年到1992年间的讲话、文章、谈话、批示等,内容很全。粗略统计,其中谈到"毛泽东思想""毛泽东""毛泽东同志""毛主席",大约有1169次。

其中,关于"毛泽东思想",《邓小平年谱》从1977年到1992年,出现163次。最集中的是1977年到1981年这5年,平均每年出现30次左右。在《邓小平文选》第二卷和第三卷中,从1977年至1989年所收的文章里,出现"毛泽东思想"这个概念196次。有9篇文章出现最多,平均每篇出现17次,时间也是集中在1977年到1980年这四年。

关于"毛泽东""毛泽东同志"出现的情况是:在《邓小平年谱》中,从1977年到1992年,有162次左右,其中出现

10次以上的年份有1977年、1978年、1980年、1981年、1983年、1984年，这6年平均每年出现21次左右。在《邓小平文选》第二、三卷中，从1977年至1989年所收的文章里，出现298次。其中出现6次以上的文章有13篇，平均每篇出现17次，时间集中在1977年到1981年。

关于"毛主席"的出现情况是：在《邓小平年谱》中，从1977年到1989年，出现255次，集中出现于1977年到1981年这5年间，共218次，平均每年出现43次。在《邓小平文选》第二卷和第三卷中，从1975年至1992年所收的文章里，出现95次，有20篇文章谈到"毛主席"。

还可以补充两个材料。1980年10月25日，邓小平同中央负责同志谈话时特意强调："结束了'文化大革命'，一直发展到今天。这些事情，还不是毛泽东思想教育的一代人干的？"1983年11月6日会见澳大利亚外宾时，邓小平又讲："我们这一代人都是在他（毛泽东）的领导下成长起来的。"

1989年9月，邓小平准备退休时，曾经和当时的几位中央负责同志谈话，他说："对我的评价，不要过分夸张，不要分量太重。有的把我的规格放在毛主席之上，这就不好了。"

作为毛泽东的学生，邓小平的思想精髓跟毛泽东的思想精髓是相通的。邓小平从改革开放伊始，就反复讲，要完整准确地理解毛泽东思想，毛泽东思想这面旗帜丢不得。在前进过程中，他还明确提出："从许多方面来说，现在我们还是把毛泽东同志已经提出、但是没有做的事情做起来，把他反对错了的改正过来，把他没有做好的事情做好。今后相当长的时期，还是做这件事。当然，我们也有发展，而且还要继续发展。"

这段话中的继续发展，意思是做毛泽东没有遇到过的新的事情。

同频共振，必然是一脉相承，必然是真心诚意地继承和发展。邓小平把自己做的事情和毛泽东做的事情接续起来，明确为继承和发展的关系，是真正地把自己摆在了一个思想延续者的位置上面。

即使是西方的一些学者，也是这么认为的。他们提出，中国特色社会主义理论是对毛泽东思想的继承和发展，邓小平纠正毛泽东晚年的错误，并不意味着他放弃了毛泽东思想。有个叫布兰特利·沃马克（Brantly Womack）的美国大学教授，中文名叫吴本立，就是一个典型的代表。他甚至提出，邓小平是"当今中国主要领导人中最毛化的一个"。

邓小平评价毛泽东，不仅包含深厚的感情，也是发自内心的理性认识和真知灼见。他1993年主持编选《邓小平文选》（第三卷）时，还说过一句话：毛主席的选集，编了四卷，我的文选，就编三卷。

这是一种明显的学生敬爱老师的表达方式。

这不是单纯个人关系上的同频共振,而是思想方法、理想信念方面的同频共振,是原本意义上的"同志"关系。"同志""同频共振"这样的关系,是超越了个人情感的。

十二　知音心曲

> 他多次从危机中把党和国家挽救过来。没有毛主席，至少我们中国人民还要在黑暗中摸索更长的时间。
>
> 毛主席的伟大，怎么说也不过分，不是拿语言可以形容得出来的。
>
> ——邓小平

邓小平评价毛泽东，超越了个人情感，却又是以相知相悉的政治感情积累为基础的。这是伟人与伟人关系的真谛。

政治感情的积累，始于战争岁月。

邓小平和毛泽东第一次见面，是在1927年的八七会议上。邓小平23岁，担任党中央机关的秘书工作，也可以说是秘书长，负责会议筹备，还做会议记录。当然，34岁的毛泽东在会议上发言踊跃，事实上唱主角。他提出的"政权是由枪杆子中取得的"这个论断，就是邓小平记录下来的。此后，邓小平的革命实践与毛泽东思想的互动关系，就直接建立起来了。

相识即敬佩。但学习进而敬仰，是后来不断积累而成的。

八七会议后，毛泽东去领导秋收起义，邓小平随中央机关去了上海。毛泽东领导的秋收起义，放弃攻打长沙的中央决定，随即走出一条新路，到井冈山建立根据地，发展红军。当时邓小平作为中央秘书长，在毛泽东从井冈山写来的一些报告或来人的汇报中，逐步了解和学习了"工农武装割据"的革命经验。晚年，他曾对儿女们说："我在上海当中央秘书长的时候，陈毅来中央汇报红四军的工作，才知道了好多情况。这也是一种学习呀！"红四军，就是朱毛红军。

25岁的邓小平，单枪匹马去领导百色起义、龙州起义，显然就是揣着朱毛红军的经验出发的。晚年，他甚至对陈毅的女儿说过这样的话："我从你爸爸那里听了不少东西，后来搬到红七军去用。"

毛泽东开辟井冈山革命根据地，一个成功的关键，是做通袁文才、王佐"绿林武装"的工作。邓小平领导创建左右江革命根据地，是做通俞作柏、李明瑞等广西上层人士的工作。

中央派邓小平去广西，也是根据他的特点做的选择。邓小平回国前，莫斯科中山大学党组织给他的鉴定里有几句话，说这个人组织能力强，党性强。在"党性强"三个字后面有一个括弧，"他可以单独做国民党的工作"。党性强，主要指信念坚定，政治上可靠。可以单独做国民党的工作，或许是因为邓小平在莫斯科中山大学学习时，班上集中了一批国共两党精英，国民党员有蒋经国、谷正纲、谷正鼎、屈武这些人。邓小平是班上的党小组长，有工作人脉，有同国民党精英打交道的经验。在广西，邓小平对李明瑞、俞作柏的工作做得非常好，还发展李明瑞入党。邓小平在广西工作的成功，使他一下子在党内崭露头角。

邓小平1933年挨整后，被派去主编《红星报》，开始有了和毛泽东较多的接触机会，比如他约毛泽东写过文章。

1934年12月，邓小平在长征途中离开《红星报》，接替生病的邓颖超担任中央秘书长。他参加了1935年1月的遵义会议，像八七会议一样，有幸再一次见证了党的历史上的伟大转折，再一次感受到毛泽东的英明和领导力。特别是遵义会议后，毛泽东有了军事指挥权，他领导中央红军四渡赤水，南渡乌江，兵临贵阳逼昆明，巧渡金沙江，抢渡大渡河，一系列出神入化的用兵智慧，毫无疑问，进一步使邓小平在思想上、感情上增进了对毛泽东的认同和敬佩。

长征结束后，邓小平在党内军内的地位连升几级。从红一军团的宣传部长，到八路军总政治部副主任，很快又担任八路军一二九师政委，成为一支战略部队和一个重要战略区域的党内最高负责人。

这样的大跨越，毛泽东的信任和推荐显然是关键。

这样的大跨越，也使邓小平的性格起了很大变化。他过去在公众场合很活泼，爱说话，开玩笑，很幽默。现在他变得沉默寡言，很少闲话，总是很严肃。

大跨越，意味着责任重大。正是责任重大，促使邓小平的领导风格发生很大变化。再说，和邓小平搭档的是比他大12岁的老资格军事家、参加领导南昌起义的刘伯承。刘伯承的领导风格是举轻若重，邓小平的领导风格是举重若轻。他们互补，配合得很好。举重若轻，就意味着果断干脆。

在当时远离中央而又艰难困苦的条件下，能够担起责任，带好部队，这种领导风格应该是最好的选择。这也是邓小平政治成熟、政治上强的体现。

1943年，所有在华北前线的高级将领，比如彭德怀、刘伯承这些人都到延安去，准备参加七大。当时留在华北前线的最高领导人，就是邓小平，他还代理北方局书记，主持八路军前方总部工作。如果说政治上不成熟，中央能放心把华北这么大、这么重要的战略区域重担，交给不到40岁的邓小平来独挑吗？

毛泽东很看重他，对他特别信任，常常把重担交给他来挑。

压重担和信任，是相辅相成的。邓小平政治上强，所以毛泽东信任他；毛泽东信任他，就往往交给他非常艰难困苦的工作，他完成得好，反过来又增加了毛泽东对他的信任。1947

年在解放战争最困难的时候，毛泽东让刘邓率部挺进大别山，也是相信他们能够创造性贯彻中央的战略意图。

更重要的是，在复杂局面和严峻挑战面前，邓小平能够展现出创造新局面的勇气、能力和格局。

比如，1948年2月6日，毛泽东致电邓小平等人，征询新解放区在土地改革中的斗争策略。2月8日，邓小平在回电中先提出两条原则性意见："根据地之确立与土改之完成要经过相当长的过程，绝非一年半载所能达到。""斗争策略上应分阶段分地区地逐步深入。开始应缩小打击面，实于农民有利，否则必犯急性病和策略上的错误。"随后，汇报了他们在大别山新解放区土改中的斗争策略，诸如：吸收中农参加农民协会领导层，不动富农家的财产，要使地主特别是小地主能够生活，不没收地主开的工商门店，等等。

毛泽东看后，非常高兴，于2月17日转发邓小平的电报，提出"小平所述大别山经验极可宝贵，望各地各军采纳应用。""分阶段分地区极为必要。"

邓小平也总是根据战局发展，向中央提出建设性的意见和建议。比如进军大西南时，一开始中央的意见是不要着急打重庆，邓小平从实际出发，提出必须马上攻下重庆，毛泽东和中央就同意了。在毛泽东看来，这不只是政治上强，而且是才能出众。

邓小平政治上强，还有一个特点，就是特别讲政治纪律。

他坚持给中央写报告，而且言之有物，无论战事怎样紧迫，都不拖延。1948年，毛泽东曾经给林彪去电，批评东北局没有给中央写报告，同时还把中原局邓小平的报告批转给东北局的林彪参考。

关于邓小平的战功，毛泽东在1966年5月5日会见阿尔巴尼亚党政代表团时，感慨地说：他（邓小平）是一个懂军事的，你看他人这么小，可是打南京是他统率的。打南京是两个野战军，差不多一百万军队。接着打上海、打浙江、打江西、打福建，然后他们第二野战军向西占领四川、云南、贵州。这三个省差不多有一亿人口。

1971年，邓小平已经被打倒了，毛泽东9月10日在浙江还谈道："百万雄师过大江，当时有个前委，主要还是邓小平起作用的。"

在战争年代，邓小平又是怎样看待毛泽东的呢？

毛泽东在全党的核心领导地位，是1943年3月中共中央发的一个文件中才名正言顺，正式明确的。这个文件说：中共中央决定，毛泽东同志担任中共中央政治局主席，中央书记处主席。"毛泽东思想"这个概念，也是1943年7月前后由王稼祥、刘少奇等人正式提出来的。

这年11月10日，邓小平到北方局党校作整风动员报告，明确讲："在以毛泽东思想为指导的党中央领导之下，我们回忆起过去机会主义领导下的惨痛教训,每个同志都会感觉到这九年(指1935年1月遵义会议以后)是很幸福的","现在,我们有了这样好的党中央,有了这样英明的领袖毛泽东同志,对于我们党是太重要了"。

邓小平的评价,是从历史经验的比较中得出的。他对毛泽东的敬仰,是政治选择,也是思想选择,还是发自内心的情感认同。同时,邓小平对毛泽东的决策,善于体会和理解,有一种心领神会的默契。

毛泽东和邓小平相知相悉的默契互动,经历了战争岁月的积累和考验。

新中国成立后的头17年,是邓小平最忙的时期。他比较全面的治国理政才能得到充分发挥,为毛泽东称道和欣赏。

邓小平确实能干,善于解决难题。

1953年,全国财经会议出现意外,会议气氛不好,开得很艰难。毛泽东就让陈云和邓小平从北戴河回来参加会议,以扭转会议局面。1953年9月,全国组织会议又出现意外,毛泽东又让邓小平去参加会议,会议局面扭转过来。1954年2月,在解决高岗、饶漱石问题的中共七届四中全会上,邓小平有一个发言,题目是"骄傲自满是团结的大敌",水平很高,为毛泽东所称道。

邓小平成为党的第一代中央领导集体的重要成员，是在党的八大会议上。八大的人事安排，是件大事。

召开七大是1945年，那时形成的以毛泽东为核心的党的第一代中央领导集体的重要成员，有刘少奇、周恩来、朱德、任弼时，俗称"五大书记"。任弼时在新中国成立不久就逝世了。

十一年过去了，环境、形势、任务和党内干部的成长情况，都发生了很大变化。党的八大组成的新的领导班子，不只要把七大以来成熟和合格的人选进来，同时还意味着，他们要担负起全面建设社会主义的历史责任。

毛泽东当时确实是煞费苦心。他在八大之前的七届七中全会上，作了一次很通俗而且带有一种交心味道的讲话，专门推荐陈云和邓小平。

今天回过头来看，邓小平、陈云确实是没有辜负毛泽东的期望。恰恰是他们两人，在毛泽东、周恩来、刘少奇、朱德逝世后，成为既不割断历史，又开辟改革开放和社会主义现代化建设历史新时期的主要代表。这种安排的历史意义非常深远，从一个侧面反映毛泽东知人善任、眼光独到。

1956年9月13日，毛泽东在会上说，他这一代人主要是跑龙套了，应该让陈云和邓小平这样的"少壮派"来唱主角。他推荐陈云担任党中央副主席，邓小平担任中央政治局常委、中央书记处总书记。邓小平当场表示：我还是安于担任秘书长这个职务。毛泽东说:"中国的秘书长就相当于外国的总书记。他说不顺,我可以宣传宣传。"

毛泽东是怎样宣传的呢?他说:"我看邓小平这个人比较公道,他跟我一样,不是没有缺点,但是比较公道,比较有才干,比较能办事。""比较起来,他会办事。他比较周到,比较公道,是个厚道人,使人不那么怕。""这个人比较顾全大局,比较厚道,处理问题比较公正,他犯了错误对自己很严格。他是在党内经过斗争的。"

概括起来,毛泽东称赞邓小平的,有这样几个要点:顾全大局,有才能会办事,公道、周到、厚道。这些特点,实际上就是前面说的,政治上强,德才兼备。

邓小平就是这样的人,不计较名利,很通脱厚道,总是顾全大局,作为"少壮派",扎扎实实做事。

邓小平的"公道""厚道",在改革开放后如何评价建国以来党的历史和毛泽东晚年犯的错误问题上,体现得格外突出。在起草第二个"历史决议"的时候,邓小平反复讲:看完初稿后,给人的印象是错误都是老人家一个人的,别人都对。我说过多次了,不能说成别人都对,只有一个人是错误的,这个人就是毛主席。历史不是这样的。这不符合实际。那时的错误,大家都有责任。毛主席的错误,我也有一份。 在这些问题上要公正。主要是因为当时我们没有经验。应该承认,老人家还是看到了党的缺点错误，还是想改正，但是他对情况估计错了。错误讲过分了，对毛主席和毛泽东思想的评价不恰当，人民不能接受。

毛泽东对邓小平还有一次评价，用语很特别。1959年4月5日，在上海召开中共八届七中全会，毛泽东在会上讲到"多谋善断"等领导方法和工作方法时说："权力集中在常委和书记处。我为正帅，邓小平为副帅。你们如果赞成，就照这样办。""'一朝权在手，便把令来行'，唐朝人的两句诗。邓小平，你挂帅了，一朝权在手，便把令来行，你敢不敢呀？"

"正帅""副帅"之称，大概是说，毛泽东是中央委员会主席，全党的事当然要负总责，作最终决策，是"正帅"；中央书记处是党中央设立的执行机构和办事机构，书记处总书记邓小平，还是中央政治局常委，在一线主持工作，自然是配合"正帅"的"副帅"。

毛泽东讲这个话，不能随意理解成当时要把邓小平当接班人的意思，却也反映出在他的心目中，邓小平在一线工作是称职的，对邓小平寄予厚望。

现在，该说说"文革"时期，毛泽东和邓小平不同凡响的关系了。

毛泽东1966年10月24日听取中央工作会议的情况汇报

时，这样说到刘少奇、邓小平：把刘、邓的大字报贴到街上去不好。要准人家革命，不要不准人家革命。乱子是中央闹起来的，责任在中央，我的责任是分一、二线。许多事情不同我商量。刘、邓二人是搞公开的，不搞秘密的。对少奇同志不能一笔抹杀。犯了路线错误要改。

10月25日，毛泽东在中央工作会议全体大会上，又讲："也不能完全怪刘少奇同志、邓小平同志。他们两个同志犯错误也有原因。过去中央第一线没有领导好。"

邓小平被打倒后，毛泽东是留有余地的，对他并没有放弃。

1967年5月，毛泽东派汪东兴看望邓小平，转达三点意见：第一，要忍，不要着急；第二，刘、邓可以分开；第三，如果有事可以给他写信。邓小平对汪东兴说，外面大字报中提出的许多问题与事实不符，要求同毛泽东当面谈谈。汪东兴将邓小平的要求转报了毛泽东。

一天深夜，毛泽东派机要秘书徐业夫接邓小平到住处谈话。谈话中，邓小平向毛泽东详细汇报了1931年离开红七军到上海向中共中央汇报工作的情况，并表示接受毛泽东对他和刘少奇派工作组错误的批评。邓小平还问，以后如有事情向毛泽东汇报找谁。毛泽东说，可以找汪东兴，也可以给他本人写信。

这件事，在《邓小平年谱》和《毛泽东年谱》里都有记载。

1969年邓小平下放江西前，毛泽东专门交代汪东兴："你去关心他一下。"汪东兴见到邓小平时,邓小平直率地说:"我最难受的是'刘邓路线'。你是主席派来看我的,我有两个要求能不能提?第一个,能不能把'刘邓路线'去掉;第二个,我还想做点工作。"汪东兴将邓小平的两个要求向毛泽东作了汇报。毛泽东表示,你可以赶快回去告诉他,"刘邓路线"可以分,去江西先锻炼一下。

让邓小平和自己保持一种联系渠道,这是毛泽东很有深意的一种安排,反映出他对邓小平是另眼看待的。

一直到邓小平1973年正式复出前,邓小平和毛泽东的联系始终没有中断,他经常通过汪东兴向毛泽东表达自己的愿望和诉求,毛泽东也是有求必应。1971年11月8日,邓小平给毛泽东写信,毛泽东阅后批示:"印发政治局。他家务事请汪(东兴)办一下。"

读《毛泽东年谱》,你会发现,毛泽东在1967年到1972年之间,不下20次在公开场合谈到邓小平。谈什么呢?下面举几条——

> 明年春天"文化大革命"结束后,接着召开九大,把老同志都解脱出来,许多老同志都要当代表,当中央委员。比如邓小平、乌兰夫……(1967年7月18日)
>
> 他(指邓小平)打过仗。可不可以当中央委员?你们

赞成不赞成？（1967年9月18日）

九大谁可当选中央委员？邓小平是一个标兵。（1967年9月20日）

邓小平恐怕要保。可不可以选他当中央委员，你们看？你们讨论一下。（1967年9月20日）

邓小平，你们总要打倒，又没有拿出多少材料来，你们总想打倒他，我就不想。他是犯了错误的，还是人民内部矛盾嘛。（1968年5月20日）

对邓小平，我的观点还是一样。你们那样怕邓小平，可见这人厉害。（1968年6月30日）

邓小平这个人，我总是替他说一点话，就是鉴于他在抗日战争跟解放战争中间都是打了敌人的，又没有查出他的别的历史问题来。（1968年10月13日）

邓小平，大家要开除他，我对这一点还有一点保留。我这个人的思想恐怕有点保守，不合你们的口味，替邓小平讲几句好话。（1968年10月31日）

1972年8月，毛泽东在邓小平一封来信上的批示，表明他还要起用邓小平，必将起用邓小平。这个批示有三点：一是，邓小平在中央苏区是挨整的，是所谓毛派的头子；二是，邓小平没历史问题，即没有投降过敌人；三是，邓小平有战功，除此之外，进城以后，也不是一件好事都没有做的，例如率领代表团到莫斯科谈判，他没有屈服于苏修。

毛泽东还写道："这些事我过去讲过多次，现在再说一遍。"

正是因为有了这个批示，才有了邓小平的第二次复出。"林彪事件"后，党和国家面临很大难题，起用邓小平也是水到渠成。

邓小平是1973年2月下旬回到北京的。3月9日，周恩来给毛泽东的一个报告中说："关于恢复邓小平同志的国务院副总理职务问题，政治局会议几次讨论过，并在主席处开会时报告过。邓小平同志已回北京。为在全国树立这样一位高级标兵，政治局认为需要中央作出一个决定，一直发到县团级党委。"毛泽东当即同意发出这个通知。

邓小平复出后，恢复了副总理职务，还成为中央政治局委员。

1975年1月召开四届人大前后，邓小平有了三个职务：中共中央副主席，国务院排名第一的副总理，中央军委副主席、总参谋长。事实上，他在1975年基本上主持党、政、军的工作，真有些像毛泽东1959年说的"邓为副帅"。这是他1975年主持全面整顿工作的条件。

从邓小平复出的1973年到1976年初再次被打倒，毛泽东对他的评价相当集中，而且都是正面的。他真诚支持邓小平，给了邓小平大刀阔斧搞整顿的信心和决心。

邓小平搞整顿，已经71岁了，那么大年龄，心里确实着急。人们谈论整顿，为什么喜欢用"大刀阔斧"？因为这反映了邓小平的急切心情。在与"四人帮"冲突白热化的时候，邓小平要搞整顿，难度、阻力都非常大。那段时间，邓小平发挥了他在战争年代开辟新局面的果敢风格，有的时候相当"冲"。

对邓小平主持的整顿，毛泽东是支持和欣赏的。1975年整顿达到高潮时，毛泽东9月24日听取邓小平汇报最近工作，当邓小平谈到江青9月17日在农业学大寨会议上的讲话时，毛泽东说："放屁！文不对题，那是学农业，她搞批《水浒》，这个人不懂事，没有多少人信她的。"

在整顿引发的党内斗争中，毛泽东站在邓小平一边。但全面整顿势必会触及"文化大革命"。怎样评价"文化大革命"，毛泽东非常看重。如果全面整顿导致根本上否定"文化大革命"，他在认识上、在感情上是不能接受的。

为此，他希望邓小平在不触及"文化大革命"最根本的东西的情况下，将整顿搞下去。他让邓小平主持搞一个关于"文化大革命""三分错误、七分成绩"的决议，还明确讲了"文化大革命"的错误是内战，打倒一切、怀疑一切。我们现在假设，如果邓小平主持搞了这个决议，也就不一定有后来的"批邓、反击右倾翻案风"。但是，邓小平是一个非常坚持原则的人，他对毛泽东说：由我来主持搞这个决议不合适，我是"桃花源中人，不知有汉，何论魏晋"。这等于是婉拒了毛泽东的提议。再加上"四人帮"不断给毛泽东吹风，说邓小平要反对"文化大革命"，要推翻"文化大革命"，要算"文化大革命"的账。康生在临死的时候告诉毛泽东，他看出邓小平要算"文化大革命"的账。这些，都导致邓小平再次被打倒。

邓小平再次被打倒后，毛泽东对他依然留有余地。当时"四人帮"提出不仅要撤销党内外一切职务，还要开除邓小平党籍。毛泽东把"开除党籍"圈掉了，改为"保留党籍，以观后效"。这也是一种政治上的保护。

毛泽东对邓小平的安全也采取了保护措施。当时有一种苗头，"四人帮"要把邓小平抓走，毛泽东很反感这样做，让汪东兴给邓小平找一个地方，保护起来。汪东兴执行了毛泽东的指示，到邓小平家里把他接到东交民巷17号。后来中央政治局开会，江青就指着汪东兴问："邓小平哪去了？"这个时候只有毛泽东、汪东兴知道邓小平在哪里。

邓小平明确地意识到毛泽东对他的保护。在1977年9月14日会见日本外宾的时候，他说了这样一段话："就我个人来说，对个人安全是放心的。'四人帮'非要打倒我不可，打倒还不算，还要把我整死。我的职务是撤掉了，但毛主席还保留了我的党籍。毛主席指定专人、专门的部队保护我的安全，并明确交代别人不准插手干预，也就是不准'四人帮'干预。"

把邓小平保护起来，还保留党籍，留下"以观后效"的活话，这些，为邓小平在"四人帮"倒台后再次复出，创造了难得的和必要的条件。

毛泽东逝世后，邓小平评价毛泽东，为中国，为历史，奏响了一部伟大而深刻的知音心曲。

开辟新的历史时期和妥善处理历史遗留问题，是联系在一起的。1978年前后，中国要搞"四个现代化"，要抚平人们心里的伤疤，要调动人们的积极性，对过去就要有一个说法。但如果对党在建国后的历史，对毛泽东的评价不恰当，不正确，不科学，显然也不能顺利地往前走。

如何评价毛泽东，确实是摆在中国共产党面前的一道政治大课题。在拨乱反正中推动历史往前走的时候，有没有勇气来评价毛泽东，有没有智慧来评价好毛泽东，更像是一场考试。

邓小平勇敢地面对这场考试。1978年11月25日、26日、27日连续三天，邓小平有四次谈话，两次跟外国人谈，两次跟参加中央工作会议的召集人谈，中心议题就是我们怎么来评价毛泽东。

他的答案很明确：毛主席的伟大功勋是不可磨灭的。没有毛主席，就没有新中国。毛主席的伟大，怎么说也不过分，不是拿语言可以形容得出来的。毛主席不是没有缺点错误,我们不能要求伟大领袖、伟大人物、思想家没有缺点错误,那样要求就不是马克思主义者。毛主席讲马克思、列宁写文章就经常自己修改嘛。对毛主席的缺点错误,这个问题是不能回避的,在党内还是讲一讲好。外国人问我,对毛主席的评价,可不可以像对斯大林评价那样三七开?我肯定地回答,不能这样讲。党中央、中国人民永远不会干赫鲁晓夫那样的事。

这些话,写进了后来出版的《邓小平年谱》。

在主持起草党的第二个历史决议的过程中,邓小平发表过十多次谈话,主要内容收进了《邓小平文选》。

大政治家就是大政治家,邓小平的眼光、远见和胸怀,超越常人之处,就在于他非常清醒地看到,如何评价毛泽东,不只是个人问题,更不只是个人情感的问题,而是中国共产党面向未来,如何正确、科学地看待自身历史的问题。如果毛泽东这面旗帜丢了,中国共产党这面旗帜还能够树得起来树得稳吗?邓小平的决断是,评价毛泽东,要科学,所谓科学,就是要符合实际,要考虑人民是否通得过。

邓小平当时甚至说:在党的历史决议中,如果关于毛泽东、毛泽东思想的内容写不好,这个决议宁肯不做。

这是洞见,更是远见。

邓小平要求"历史决议"一定要写好毛泽东和毛泽东思想

的历史地位。他看了初稿，是不满意的。接着在起草思路上作出两个重要变化。一是把毛泽东思想和毛泽东晚年的错误区别开来，毛泽东晚年之所以犯错误，恰恰是因为他违背了偏离了自己创立的毛泽东思想。这是很高的招。二是采纳陈云的建议，在前面增写建国前28年中国共产党的历史，这样一来，人们就可以清楚地体会到毛泽东的历史地位是怎样形成的，是谁也否定不了的，想否定也否定不了。

在讨论"历史决议"的时候，意见相当多。当时，"非毛化"在国内外都是一股不小的思潮。前些年，有一本期刊登载过一篇题为《四千老干部对党史的一次民主评议》的回忆文章，作者当时作为秘书旁听了国家机关第一组30位党的高级领导干部讨论《建国以来党的若干历史问题的决议（草案）》的情况，并负责该组的简报整理和其他工作。据该文讲，会上"大都对毛泽东在民主革命中的巨大功绩无大分歧，但对他在建国后掌权以来的历史实践，则殊多非议，有的还很尖锐"。

这时候，邓小平非凡的政治勇气就体现出来了。

他博采正意，力排错意。对那些错误的，比如说要否定毛泽东，否定毛泽东思想的倾向，邓小平用了几个字，要"坚决地顶住"，不能动摇。讲毛泽东晚年错误的时候，邓小平用了要"确当"，就是要放在具体的历史条件下去看。

邓小平评价毛泽东，最充满诗意的几句话，是在回答意大利记者法拉奇的提问时说出来的:"他多次从危机中把党和国家挽救过来。没有毛主席,至少我们中国人民还要在黑暗中摸索更长的时间。"

尊重和科学评价毛泽东,是党、国家和民族的集体意识,集体自尊,是中国社会应有的成熟。邓小平在这个问题上的勇气和智慧,真正体现了他是毛泽东的知音,是具有历史深远影响的知音。

科学评价毛泽东,是邓小平的一大历史贡献。

江泽民1997年在邓小平同志追悼大会上的悼词中,专门说到这点,他说:"邓小平同志领导我们党总结建国以来的历史经验,以巨大的政治勇气和理论勇气,坚持科学地评价毛泽东同志的历史地位和毛泽东思想的科学体系,根本上否定了'文化大革命'的错误实践和理论,同时坚决顶住否定毛泽东同志和毛泽东思想的错误思潮。随着国内局势的发展和国际局势的变化,越来越显示出这个重大决策的魄力和远见。"

毛泽东在世的时候,对邓小平的评价,属于党中央领导集体核心对其他领导集体成员的评价,更多的是看重邓小平的品格、信念和才干。

毛泽东逝世后,邓小平对毛泽东的评价,就全面多了,也深刻多了。时间的沉淀、历史条件的变化和时代的进步,给了邓小平更多的可能和机会，去认识和理解、感受和体会毛泽东。因此，作为后继者的评价，总是要丰富一些，深刻一些，感人一些，甚至还可以把自己的经历摆进去来评价。反过来，毛泽东就没有这个机会和可能了。这就是历史，也是历史的魅力所在。

米兰·昆德拉说过一段话："人是在雾中前行的人。但是当他向后望去，判断过去的人们的时候，他看不见道路上任何雾。他的现在，曾是那些人的未来，他们的道路在他看来完全明朗，它的全部范围清晰可见。朝后看，人看见道路，看见人们向前行走，看见他们的错误，但是雾已不在那里。"

毛泽东的一生何尝不是在雾中前行的一生。我们今天看毛泽东，雾已经散去，他走过的道路清晰可见，自然有许多这样或那样的评点和分析，而唯一没有权力拥有的，是以自己能够在没有雾的时候，比前人更清楚地看见了前人在雾中看不见的东西而自以为是。

邓小平评价毛泽东的历史智慧，邓小平能够成为毛泽东的历史知音，正在于此。他对来时路上的雾看得很清楚，他对雾中前行探路和引路的人，满怀历史的尊重和敬畏；对他们的智慧和勇气及其贡献，满怀历史的敬意和敬仰；对他们的失误，有着厚道人、公道人才会有的惋惜和客观分析。

何谓历史的知音？这就是！

综论　邓小平和他的时代

邓小平1977年在中共十届三中全会上第三次复出时，已然是73岁的高龄。历史给他提供的机会和空间非常有限。于是，他在这个会上自陈："出来工作，可以有两种态度，一个是做官，一个是做点工作。我想，谁叫你当共产党人呢，既然当了，就不能够做官，不能够有私心杂念，不能够有别的选择，应该老老实实地履行党员的责任。"他还告诉人们："这是我一种交心的话。"

一个73岁的老人，就这样把心和所剩不多的余年交给了自己的民族，交给他身处的时代，去开辟一条新路。这在历史上，是不多见的。

世纪主题和世纪接力

世纪伟人是在世纪接力中产生的。

关于今天和历史的关系，关于中华民族的命运，人们常说的一句话是"从鸦片战争以来"。鸦片战争以来的历史风雨反复冲刷的是这样一个根本主题：中国走什么样的道路，才能实现现代化和民族复兴。一代又一代的仁人志士，都不能回避这个主题。伟大而深刻的爱国主义者，总是善于把这个主题转化为自觉的历史使命。影响世纪进程的孙中山、毛泽东、邓小平，正是站在时代前沿去接力这个世纪主题、扛起历史使命的人。

历史抛给这些伟人同一个主题，但寻求起点、探索道路和实践方式却很不一样；也就是说，他们肩负的历史使命有一条主线，具体内容却各有不同。

1895年10月，29岁的孙中山和两个同伴，从香港登船去了日本。不久前，他们在广州发动的一次武装起义失败了，这次逃亡本是秘密的，但他们一登陆，就从一份当地报纸上看到一则消息："支那革命党首领抵达日本。"孙中山并不在乎走漏了消息，报纸上"革命党"几个字反倒给了他启发。他对同伴说：既然日本人把我们叫作革命党，那以后我们的组织就称革命党好了。此前的反清运动，都说自己是"起义""造反"或"光复"。从这一天起，"革命"一词随同孙中山的活动，把中国带入了20世纪。

20世纪以来，孙中山成了"革命先行者"的同义语。鲁迅曾说，孙中山"站出世间来，就是革命，失败了，还是革命。中华民国成立后，也没有满足过，没有安逸过"。革命的主题是什么？就是孙中山提出的三民主义，即解决民族、民权和民生三大课题。

先行者孙中山，面临的是解除皇权，解救民族危亡，接着是扫除军阀这样一些历史任务，这是中国走向现代化最基本的政治前提。他的《建国方略》，还提不上实施的日程，更来不及细化，甚至他的三民主义中的"民权主义"，也还处于"军政时期"。但他领导的革命使中国脱掉了几千年来束缚生产力发展的皇权枷锁，正是这个枷锁使中国在近代以来的世界现代化潮流面前大大落后了。解除了皇权枷锁的孙中山，曾一度埋头去搞实业建设，但很快就四处碰壁，不得不转而发起"二次革命"。再次失败，使他在痛苦中开始有了新的思考和新的政策，这就是联俄、联共、扶助农工。去世之前，他告诫革命党人："革命尚未成功，同志仍须努力。"

接下来的接力者，是毛泽东那一代中国共产党人。他们耗费心血领导中国人民夺取了新民主主义革命的胜利，完成了反对帝国主义、封建主义和官僚资本主义的历史任务。新中国的成立，结束了旧中国国家四分五裂、民族蒙受屈辱、人民灾难深重的局面，实现了民族的独立、国家的统一、人民的解放。由此奠定了实现现代化和中华民族伟大复兴的根本政治前提。

20世纪上半叶中国多舛的命运告诉人们,没有这些政治前提,现代化的步子很难真正迈开,更谈不上民族复兴。特别是20世纪50年代中期,社会主义制度在中国的确立,更为后来中国的发展进步,提供了最根本的制度基础。因此,断不可把"革命"和"现代化"对立起来,以为20世纪上半叶的中国革命打断了中国走向现代化的进程。革命不仅是为了解决现代化和民族复兴的政治前提,也是现代化和民族复兴的重要途径和方式。

却说毛泽东和他的战友们非常漂亮地完成了他们那一代的新民主主义革命和社会主义革命使命后,从20世纪50年代中期起,开始把自己的主要精力放在探索中国社会主义建设道路上面。1954年9月15日,毛泽东在第一届全国人民代表大会上明确宣布,准备用几个五年计划把经济文化落后的中国建设成为一个工业化的具有高度现代化的强国。毛泽东在1964年写的题为《把我国建设成为社会主义的现代化的强国》一文中,特别谈起孙中山:"中国大革命家,我们的先辈孙中山先生,在本世纪初期就说过,中国将要出现一个大跃进。他的这种预见,必将在几十年的时间内实现。"尽管在"实现"的道路上充满曲折,但毛泽东和新中国始终不懈地追求。1964年和1975年的两届人民代表大会,都把在20世纪末实现"四个现代化"作为奋斗目标。

毛泽东那一代人的艰辛探索还证明，明确了历史使命并不等于明确了道路走向，正确的奋斗目标也不一定自然引出正确的实现道路。20世纪50年代中期开始，毛泽东觉察到苏联模式的弊端，力图突破这个模式，另走自己的社会主义建设道路。于是有了《论十大关系》这样的可行思路和中共八大这样的耀眼起点，并且在后来的探索前进中积累了许多有益的经验和理论成果，社会主义建设取得了巨大成就。当然，也出现了"大跃进"这样经济发展上的急躁失误，和"文化大革命"这种让人痛心疾首的全局性岔路。

一个社会的未来，不存在于个别先知先觉的意志中，也不存在于人们的热情幻想里，它的发展隐含在社会结构所蕴藏的各种可能性之中。历史常常如此，理顺道路比选择目标艰难百倍。确立目标，或许一代人就行了；理顺道路，则常常需要更多时间的探索和积累。

在这个问题上，邓小平无疑是最有创造性的接力者。历史选择了邓小平，邓小平也选择了自己的使命。

这种选择，对双方都不轻松。

邓小平1977年复出的民意基础，一般说来，是在1975年主持中央工作期间领导整顿，在可能的范围内纠正"文革"极左政策，调整和恢复各方面的秩序，赢得了党内外的广泛拥护。即使在此后的"批邓、反击右倾翻案风"的运动中，他的声望也没有下降，甚至获得同情，从而使他在粉碎"四人帮"后的复出成为必然之势。

当十年浩劫结束的时候，中国当时是一种什么情况，已无须多言；徘徊在十字路口的中国，如何渴望走出困境，也无须多言。当时摆在中国面前的有三条路：在"无产阶级专政下继续革命"的理论指导下把"文革"进行下去；纠正"文革"的错误做法，回到"文革"前的路子上去；承继"文革"前的好东西，另创一条新路。很明显，按当时的社会气氛和人们的思维习惯，第二条路是最容易也最少风险的选择，但未必是实现社会主义现代化的最科学之路。

邓小平和他的同伴们选择了第三条路。走这条路意味着重新审视自己的历史而又不能推翻自己的历史，意味着"继往"不能重复，"开来"不能脱离基本原则。在这种情况下，决策者的艰难和分寸，决策者的远见卓识和开创新路的政治勇气，便尤为重要了。历史选择和接受邓小平，是因为他看清楚了现阶段实践从孙中山、毛泽东那里留下来的"世纪主题"的关键所在。也正是在历史转折的关键时刻，人们切实体会到"掌舵"的沉重内涵，看出"领导核心"身上那非常人所及的勇气和决断。

邓小平把握住了时代的脉搏。这脉搏是什么？如果从20世纪的走向上看，还是围绕现代化和民族复兴这个目标所延伸出来的一些基本问题。正是探索、选择和逐步确立解决这些问题的道路方法,使邓小平的名字继孙中山、毛泽东之后,成为20世纪又一个时代的象征。

中国式的现代化与人民富裕

20世纪70年代末,在横向比较后,许多人在现代化的问题上,有一种发自内心深处的民族忧患意识,并屡屡谈到毛泽东曾经说过的如果不好好发展会被开除"球籍"问题。回答民族复兴这个主题,需要更宽阔的视野、更明确的思路、更复杂的操作。其中很重要的一条,就是既要拥有20世纪世界现代化进程的参照视野,又要拥有浓厚的民族感情和高度的民族自信。

1979年初,当人们从电视上观看邓小平访问美国的报道时,那现代化的城市、先进的工厂和奇妙的科技产品等画面背景,无疑在某种程度上改变着中国人对世界、对自己的看法,无形中给了中国人一种潜在的压力,也是一种动力。在1989年9月4日写给中共中央政治局的那封"退休信"中,邓小平的最后一句话也是:"中国人民既然有能力站起来,就一定有能力永远岿然屹立于世界民族之林。"可见,确立中华民族在现代世界里的位置,让中国尽快地发展起来,在他的心目中占有何等重要的分量！

　　承认落后，才可能想办法去改变落后；正视危机，才可能抓住机遇。这里没有丝毫的妄自菲薄，有的只是自信和急迫。不需要"冷眼向洋看世界"的漠然和排斥，也没有"外国的月亮比中国圆"的崇外和媚外，有的只是民族自信和不卑不亢的气度。1980年，邓小平曾会见世界银行行长罗伯特·麦克纳马拉。1994年，麦克纳马拉在接受中国记者采访时，还不无感慨地说：邓小平拥有一种情感，我认为这种情感十分重要，他认为中国的经济和社会发展都依赖于中国人民和中国自己的领导人，他说，外援是好的，我们需要，但不管有无外援，我们都有决心达到自己的目标。自己人民的意愿是至关重要的，这是你们成功的根本。

　　历史和伟人的逻辑关系已经很清楚。邓小平在人民中间获得了一个形象的称号——中国社会主义改革开放和现代化建设的总设计师。他推动和领导改革开放，开辟历史的新时期，探索和确立中国特色社会主义现代化建设道路，其根本动力和历史目标就是民族复兴。他勇敢地肩负起历史风险的内在力量，站在世界发展的角度设计民族振兴蓝图所体现的思路和气魄，都来自民族复兴的强烈使命意识。

　　对国家和民族的深沉挚爱，使邓小平在面临一些十分棘手的难题时，迸发出穿透历史的想象力。例如，为实现祖国的统一，他提出的"一国两制"，被称为"天才的构想"。正是这种对民族和国家深挚的爱，使他的生命之河变得那样深沉久远，于是他说要争取活到1997年，在收回香港后，亲自到自己的国土上走一趟，哪怕坐在轮椅上也要去。这种揪人心魄的情怀，对中国人的民族感情无疑是一种韵味无穷的感召！

搞现代化，最直观、最切实的说法，就是为了民富国强。没有现代化，国家不能强盛；搞现代化也是为了人民富裕。

20世纪70年代的中国，仍然面临一个解决生活温饱的严峻课题。切实地承认这一点是不容易的。邓小平不仅公开承认这一点，还把它作为寻找新路的根本动力。早在1975年的农业学大寨会议上，当江青说到农村缺衣少吃只是个别现象时，邓小平断然插话：个别现象也不行！"四人帮"曾抛出一个令人啼笑皆非的逻辑：宁要社会主义的草（穷），不要资本主义的苗（富）。邓小平当时就说：这句话简直没有道理。正是浓厚的民生意识，使他做出一个简单却是突破性的论断：贫穷不是社会主义。不改善人民的生活，只有死路一条。

当然，更重要的是采取什么方式来改善人民的生活，让人民富裕起来。我们曾经采用高度集中的计划经济和十分熟悉的平均主义这些方式，可是，效果并不好。接下来的问题是，要不要改革，这需要巨大的理论勇气和政治胆识；其次是怎样改革，这需要非常的创造气概和务实精神。结果，让勤劳能干的人先富起来，然后达到共同富裕，经邓小平的倡导和改革的实践，获得了社会共识；市场经济，长期被我们视为资本主义独有的经济体制，也被拿来改造为"社会主义市场经济"，作为经济体制改革的目标模式，确立了下来。今天看来，这些选择似乎都顺理成章，但对于在小农经济的汪洋大海中浸泡了几千年的中国，当时接受这些，是经历了一段艰难的认识和探索过程的。

中国式的现代化，中国人追求了一个半世纪。几代人设计了许许多多的美好蓝图。我们曾经设想，在十几年之内去"超英赶美"；我们还曾经设想，在20世纪内就实现"四个现代化"。一直到1979年，走向现代化的步骤才开始明朗和实在起来。邓小平说："我们开了大口，本世纪末实现四个现代化。后来改了个口，叫中国式的现代化，就是把标准放低一点。"放低了标准的提法，就是"中国式的现代化"。但这个提法究竟意味着什么？当外国人提出这个问题时，邓小平使用了一个古老得陌生的词："算个小康吧。"这个"小康"，一下子让人们觉得自己和未来亲近起来，让未来的生活模样清晰起来。在邓小平的心目中，这还只是走向富裕的一个环节。他的眼光看得更远，他说：我们虽然活不到那个时候，但有责任提出那个时候的目标。这目标是什么？终于，中国在1987年向世界公布了三步走发展战略：温饱—小康—到21世纪中叶基本上实现现代化，达到中等发达国家的水平。这是个什么概念呢？就是说，中华民族从19世纪中叶以来经历一百年左右的奋斗，站了起来；从20世纪中叶新中国成立到21世纪中叶，再经历一百年左右的奋斗，真正富强起来。

解决人民富裕，有了具体实在的通途。晚年的邓小平孜孜以求的，依然是民生问题。在1992年视察南方时，他说了句震撼民族心灵的话："中国穷了几千年，现在是时候了！"

性格与时代

1989年5月31日，邓小平主持建立党的第三代中央领导集体的时候，曾同当时两位中央负责同志说："眼界要非常宽阔，胸襟要非常宽阔，这是对我们第三代领导人最根本的要求。""最重要的问题是要胸襟开阔。要从大局看问题。"这是他的交代，也是他自己的经验体会。

1920年，16岁的邓小平离开故乡，一走就走得很远，去了法国。五年多的欧洲生活，使他成为一个富有朝气的职业革命家。由于在20世纪初工业化程度一流的施奈德钢铁厂、哈金森橡胶厂、雷诺汽车厂打了几年工，邓小平既对资本主义的剥削方式有了亲身体验，又对西方工业文明及其管理方式留下了很深的印象。前者使他对马克思主义和社会主义的信念有了牢实的基础，后者对革命和战争来说或许并不是特别重要，但在新中国成立以后，却绝不是可以忽略的体验。

这是一种眼界视野的潜在熏陶，有可能在两种文明的撞击中升华出特殊的胸怀气度。例如，在20世纪60年代初期恢复和整顿国民经济的时候，他主持制定的《国营工业企业工作条例（草案）》（"工业七十条"），强调要搞厂长负责制，立足点就是工业化大生产需要流水线上的个人意志服从于统一管理。后来，邓小平还根据早年在法国工厂打工的体会，指出现代化企业必须搞专业化分工和协作。他说：许多小工厂都是专业化的，它的新产品提供大工厂使用，就是小工厂也有协作、分工，许多零部件按统一的图纸协作生产，组装起来就是一部机器，至于专业设置也不是每个工厂都有，但可以有偿使用。有了这样的思想筋脉，我们不难理解，"文革"后期复出，他为什么要着力对生产秩序和纪律进行大刀阔斧的整顿。

在邓小平身上，常常看到一种追求新事物、研究新情况、吸纳新东西的开放气度。

在20世纪，什么东西是世界范围内的最新思潮呢？大概要算社会主义和科技革命了。我们过去的重要教训是没有把这两种思潮很好地结合起来。这两种思潮本来就是互相影响的。近代科学技术的发展推动了产业革命，而产业工人的形成和壮大，是出现社会主义革命的根本基础，反过来，社会主义的发展壮大，又必须依靠科学技术这一动力。

事实上，马克思主义在诞生的时候，就是从这个角度来看问题的。1850年7月，在《共产党宣言》发表两年后的一个晚上，马克思和恩格斯在英国伦敦的一家酒店里，约见了24岁的德国工人运动活动家威廉·李卜克内西。这时的欧洲，工人运动正处于低潮。交谈中，马克思却兴趣盎然地谈到了伦敦瑞琴特街上正在展出的一个牵引火车的电力机车的模型。他说，蒸汽大王在前一个世纪中翻转了整个世界，现在，电力的火花正准备着一场新的革命，这件事的后果是不可估计的，经济革命之后一定跟着政治革命。马克思的分析深刻地感染了年轻的李卜克内西，以至40多年后他还清晰地记得这次谈话，感慨马克思主义创始人始终以敏锐的眼光关注着历史的发展动向，对世界展露出来的新趋势做出及时反应，做出新的判断和认识。

在邓小平身上，体现出这种马克思主义与生俱来的开放气度。他敏锐地注意到社会主义和科技革命这两个新思潮之间的关系，反复强调："现在的世界，人类进步一日千里，科学技术方面更是这样，落后一年，赶都难赶上。""现在世界突飞猛进地发展，科技领域更是如此，中国有句老话叫'日新月异'，真是这种情况。"于是，在参观科技产业时，他说：越新越好，越高越好，我高兴，人民高兴。在他的心目中，科技不仅是社会进步的"第一生产力"，也是巩固和发展中国特色社会主义、实现中国式现代化的第一推手。

它像是现代化的一把钥匙，被邓小平拣出来，交给了中国。

面向未来，追求新事物的宽阔胸襟，还体现在对外开放的问题上。中国的对外开放，经历了一个曲折的过程，这当中，有主观认识问题，更有客观条件的问题。当我们遭受列强欺凌没有真正实现民族解放的时候，很难想象对殖民者的东西会抱多大的好感，而别人也不会让你去分享世界市场的公平利润。政治家们要考虑得长远和深刻一些。毛泽东在20世纪40年代就提出过，中国的工业化只有通过自由企业和外国资本帮助才能做到。新中国成立后有了走向世界的机会，于是毛泽东在1956年提出了"向一切国家的长处学习"。可是，在东西方冷战的格局下，西方国家的封锁使中国难以全面地把握这个机会，利用西方的资金、技术和管理方式则更为困难。对中国的封锁并不可怕，可怕的是主观上自我封闭，如果自我封闭，不仅挡住了机会，还会自觉不自觉地把西方世界所有的东西都当作洪水猛兽。"四人帮"主张的"宁要社会主义的草，不要资本主义的苗"，就是这样。

仍然是邓小平，把开放进程中断裂的链条连接起来，使中国更大胆、更全面、更深入地走向世界。

颇有象征意味的是，邓小平1978年访问日本后不久，唐代东渡扶桑传播佛法的鉴真和尚的塑像回到了故土，中华民族迎回了曾经拥有的罕见开放气度，也迎回了自信。邓小平把一个浅显的道理摆在人们的面前：闭关锁国，哪怕近在咫尺，也看不见大海；不走向世界，哪怕机会就摆在你的面前，也会失之交臂。"关起门来搞建设是不能成功的，中国的发展离不开世界。"这就是今天的中国日益扩大和深化的开放实践的认识前提。在40多年前，说这个话不容易，干起来更是风险万般。为了创办经济特区，打开几个对外开放的窗口，邓小平不得不把这一举措比喻为"杀出一条血路"。

说出这样的话，饱蘸着沉甸甸的历史内涵，显出何等进取、何等有气魄的人生状态！

以非凡的胆识，迎着风险走前人没有走过的路，就是创造性。没有这种内在品格，要开辟一条新路，无从谈起。那些使自己的名字和科学社会主义联系在一起的人，无不是因为具有这种内在品格，做了前人没有做的事情。这已是常识。可常识的确立和认可，往往需要一个突破认识习惯的探索和实践过程，在这个过程中，领路者的判断、意志和创造力，起着至关重要的作用。

中国在发展过程中，一直面临着一个如何处理国际关系的问题。过去，我们的一个牢固观念，是立足于世界战争早打、大打的准备，这自然要求经济上的建设发展与这种国际局势的判断相适应。进入20世纪80年代，面临变化的世界形势，邓小平把当前世界的主要问题概括为"东西南北"四个字:"东西"问题是和平问题,"南北"问题是发展问题。和平与发展是当今世界两大主题的著名判断,成为中国共产党调整国际战略的重要依据,同时,也是抓住机遇,集中精力搞现代化建设的依据。

构建国内政策,邓小平对大势的判断和把握同样令人叹服。1989年年初,出现一些动乱迹象时,他告诉其他中央领导人:要放出一个信号,中国不允许乱,压倒一切的是稳定。道理很明显,稳定是改革发展的前提,没有这个前提什么事都干不成。在政治风波结束后,不少人都在思考一个问题:中国十年来的改革路子对不对,下一步该怎样走,各种议论也不少。结果是邓小平一语安天下,在"六九讲话"中断然指出:党的"一个中心""两个基本点"的基本路线没有错,要坚持下去。在随后而来的苏联东欧剧变的动荡局势面前,中国应采取什么应付方针?仍然是邓小平,及时提出冷静观察、稳住阵脚、沉着应付,不当头、不扛旗,等等。

在改革开放的进程中,几乎每迈一步,都有一个选择和判断的问题。经过三年的治理整顿,到1992年,中国的改革发展又到了一个坎,结果以众所周知的"邓小平南方谈话"和党的十四大为标志,改革开放掀起新一轮大潮。

什么是中流砥柱?这就是中流砥柱。邓小平仿佛盘算若定地坐在桥牌桌前,非常清楚什么时候该出什么牌。

梳理同邓小平打过交道的西方政要的感受，会频繁读到这样一些词：坚强、坦率、勇敢、自信、充满活力、信息灵通、有幽默感等。其中，还有一个别样的词，叫忍耐。

忍耐，就是一种大智慧，是一种分寸的把握，是一种坚定的信仰，是一种特有的政治风格。芬兰前首相在谈到邓小平的时候说得很到位：我们芬兰语中有个特别的词语——忍耐，含义是拥有崇高的信仰，对为之奋斗的目标充满信心，这个忍耐与信仰便是邓小平的财产。在挫折面前的忍耐和沉默，是一种自信和力量的积累，是出色政治家对行于不得不行、止于不得不止的分寸把握。

这就涉及邓小平作为政治家的个性风采了。我们民族不大习惯讨论现代政治领袖的个性风格。其实，他们的业绩贡献和政治风格，常常是你中有我、我中有你。

读过三卷《邓小平文选》的人，都有一个突出的印象：里面很少着意构建理论体系的滔滔华彩和面面俱到的长篇大论，大多是针对实际问题说出的大白话，一看就明白，一想就清楚，在实践中很方便用上。真理本来就是朴实的，管用的话总是具体的。言如其人，这大概可透视出邓小平的人格本色吧。为此，西方的一些评论家习惯上称邓小平是现实主义者，是务实的改革家。

改革必须务实。任何人都不可能一开始就有一整套现成方略和固定模式。一切都要在实践中摸索、试验,这时候,用什么思维方法来指导这场前所未有的试验,将决定它的成败。人们说邓小平是一个务实的人,说到底,是因为他尊重客观实际,决策时彻底贯彻了实事求是的思想方法。

将近两千年前,史学家班固称道汉景帝的儿子刘德学问做得好,不经意写出了四个字:"实事求是"。谁又想到,两千年后掌握先进思想武器的中国共产党人,曾两度靠"实事求是"走出危局。20世纪中国的历史性飞跃,都依靠"实事求是"做了支点。毛泽东捡起它,开辟了马克思主义中国化的历史伟业,创建了新中国和社会主义制度;邓小平捡起它,实现了马克思主义中国化的新的飞跃,开辟了中国特色社会主义的历史伟业。

实事求是,是照搬书本、拘于成规、盲目求进的天敌;是灵活应变、适时而动、稳妥前行的朋友。这个"朋友",是邓小平一贯的财富。通常认为,邓小平是个极有原则的人,其实,更重要的是,他是特别善于把原则投放到实践过程中去检验和运用的人。因此,他既不放弃所追求的目标,也善于通过不同的方式达到那激动人心的目的地。

于是,过去被视为资本主义"专利"的市场经济,被邓小平认为只是一种手段,最终在1992年公开捅破了这层窗户纸。其实,这个想法,早在改革之初的1979年,就在他心中开始孕育。而务实的性格和对分寸的把握,使他深知,不到水到渠成的时候，人们接受这一点是有困难的，况且搞市场体制，到底对不对，怎么搞，开始谁也不清楚，只有通过实践来探索、来检验。用他的话来说，这就叫"拿事实说话"。

中国就这样走出一条扎扎实实的中国特色社会主义道路。这条路，承载世纪主题，把古老的民族引向复兴。经历几代中国共产党人的探索奋斗，我们终于看到民族复兴在那样真切地向我们招手，我们相信，任何人都不可能对这种神奇变化无动于衷。

1979年7月,邓小平登黄山途中小憩

后　记

　　写邓小平的书很多。新的发掘和解读，新的角度和表达，能够让邓小平和他的时代，一道变得更加鲜活。

　　从列在正文前面的序诗，可以看得出来，本书不是要全面反映邓小平的生平业绩和精神风范，而是着眼于他身上朴实而奇特的人生风采、个性魅力和情感世界，希望通过尽量通俗的描述和论述，多少可以回答一些问题。比如，为什么是邓小平，在20世纪70年代末能够领导党和人民实现历史转折；为什么是邓小平，能够领导党和人民开辟出中国特色社会主义道路；为什么是邓小平，能够领导党和人民开创出一个新的历史时期；为什么是邓小平，能够领导党和人民去赶上时代的潮流。

　　"为什么是邓小平？"当然就要从他的时代、他的经历、他的主体特点讲起。

　　2014年，习近平同志在纪念邓小平同志诞辰110周年座谈会上的讲话中着重指出，纪念邓小平，就要学习他的精神风范。邓小平有哪些突出的精神风范呢？习近平同志概括了六种：理想信念无比坚定的崇高品格、对人民无比热爱的伟大情怀、坚持实事求是的理论品质、不断开拓创新的政治勇气、高瞻远瞩的战略思维、坦荡无私的博大胸襟。

这六种风范，就是邓小平的主体特点，或者叫人生风采和人格境界，也是他的领袖魅力所在。本书的写作，便努力着眼于从这些方面来选取素材，结构内容，分十二个篇章进行描述和论述，最后，加了一篇综论，来阐述邓小平和他的时代的关系。

人们可以从不同角度来呈现伟人与时代的关系。从主体特点的角度来呈现，是一条比较重要的渠道。这条渠道可以比较明白地告诉人们，面临相同的时代课题，邓小平为什么做出这样的选择，而不是另外的选择；他为什么能够做出这样的选择，而且历史的发展证明了他的选择是正确的。

写作本书，我总是提醒自己，要以事写人，以史带论。于是，便有了一些追求：走近主体，或许能够发现奥妙风景；把握个性，或许能够展示人格魅力；叙述生动，或许能够增强阅读体验；有了思考，或许能够接近时代真谛。

当然，作者水平有限，本书呈现在读者面前的描述和论述，离上面的初衷和追求，显然还有不小的距离。不当之处，敬请方家指正。

陈　晋
2024 年 4 月